CARTAS DE SANTO INÁCIO DE ANTIOQUIA

Dados Internacionais de Catalogação na Publicação (CIP)
(Câmara Brasileira do Livro, SP, Brasil

Cartas de Santo Inácio de Antioquia / tradução de Dom Paulo Evaristo Arns. – Petrópolis, RJ : Vozes, 2023. – (Clássicos da Iniciação Cristã)

Título original: Επιστολές του Ιγνατίου προς Εφεσίους, Μαγνησιείς, Τραλλιανούς, προς Ρωμαίους, προς Φιλαδελφείς, Σμυρναίους και Πολύκαρπον, Επίσκοπο Σμύρνης.

1ª reimpressão, 2025.

ISBN 978-65-5713-814-4

1. Antioquia (Turquia) 2. Martírio 3. Padres da Igreja 4. Vida religiosa I. Série.

23-146708   CDD-248.22092

Índices para catálogo sistemático:
1. Cartas : Santos : Igreja Católica : Cristianismo   248.22092

Tábata Alves da Silva – Bibliotecária – CRB-8/9253-0

CARTAS DE SANTO INÁCIO DE ANTIOQUIA

Tradução, introdução e notas de
Dom Paulo Evaristo Arns

EDITORA VOZES

Petrópolis

Tradução do original em grego intitulado Επιστολές του Ιγνατίου προς Εφεσίους, Μαγνησιείς, Τραλλιανούς, προς Ρωμαίους, προς Φιλαδελφείς, Σμυρναίους και Πολύκαρπον, Επίσκοπο Σμύρνης.

© desta tradução:
1970, 2023, Editora Vozes Ltda.
Rua Frei Luís, 100
25689-900 Petrópolis, RJ
www.vozes.com.br
Brasil

Todos os direitos reservados. Nenhuma parte desta obra poderá ser reproduzida ou transmitida por qualquer forma e/ou quaisquer meios (eletrônico ou mecânico, incluindo fotocópia e gravação) ou arquivada em qualquer sistema ou banco de dados sem permissão escrita da editora.

CONSELHO EDITORIAL

Diretor
Volney J. Berkenbrock

Editores
Aline dos Santos Carneiro
Edrian Josué Pasini
Marilac Loraine Oleniki
Welder Lancieri Marchini

Conselheiros
Elói Dionísio Piva
Francisco Morás
Teobaldo Heidemann
Thiago Alexandre Hayakawa

Secretário executivo
Leonardo A.R.T. dos Santos

PRODUÇÃO EDITORIAL

Aline L.R. de Barros
Anna Catharina Miranda
Eric Parrot
Jailson Scota
Marcelo Telles
Mirela de Oliveira
Natália França
Priscilla A.F. Alves
Rafael de Oliveira
Samuel Rezende
Verônica M. Guedes

Diagramação: Sheilandre Desenv. Gráfico
Revisão gráfica: Alessandra Karl
Capa: WM Design

ISBN 978-65-5713-814-4

Este livro foi composto e impresso pela Editora Vozes Ltda.

Sumário

Abreviaturas, 7
Prefácio, 9
Introdução, 13
    I. O homem e a obra, 13
    II. Mensagem, 24
Texto das cartas, 73
    Aos Efésios, 74
    Aos Magnésios, 99
    Aos Tralianos, 113
    Aos Romanos, 126
    Aos Filadélfios, 142
    Aos Esmirnenses, 157
    A São Policarpo, 173
Índices, 187
    Escriturístico, 188

Analítico, 217
Sistemático, 228

Abreviaturas

Efes: EFÉSIOS
Mag: MAGNÉSIOS
Tral: TRALIANOS
Roman: ROMANOS
Fil: FILADÉLFIOS
Esm: ESMIRNENSES
Pol: POLICARPO

Prefácio

O estudo dos Escritores Eclesiásticos dos primeiros séculos da era cristã nos é tão vivamente recomendado pelos últimos papas e chegou a tal florescimento nos países mais evoluídos, que julgamos chegada a hora de atendermos a esses apelos e de nos integrarmos nesta evolução.

Quanto mais antigo um escritor, tanto mais difícil o acesso aos textos e mais espinhosa a interpretação de seu pensamento. Santo Inácio de Antioquia, do final do século I, não foge a essa regra. Assemelha-se mesmo aos apóstolos, pelo conteúdo de sua mensagem (testemunho cristão), pela forma de seus escritos (Cartas) e pela linguagem (estilo bíblico). Por isso mesmo figura entre os assim chamados Padres Apostólicos.

Não houvesse outro argumento para lançarmos suas cartas em português, bastaria o fato de o Concílio Ecumênico, sobretudo na *Lumen Gentium* e *Presbyterorum Ordinis,* ter baseado conclusões importantes em textos de Santo Inácio. Sua mensagem atinge pontos que hoje estão sendo debatidos, até pelo grande público.

Nossa introdução, depois de apresentar em rápidos traços a pessoa e obra, procura situar as ideias de Santo Inácio dentro do quadro amplo de nossa Pastoral de Conjunto. Nossos catequistas e demais agentes da Pastoral poderão certificar-se rapidamente da posição do homem à base de suas próprias expressões.

Para determinarmos o nível intelectual de nossas interpretações e notas, confiamos a tradução de Santo Inácio a duas professoras, que, depois de a lerem, nos indicaram as passagens mais obscuras e os termos menos compreensíveis. Pelas dificuldades que nos apresentaram procuramos descobrir o embaraço que este mesmo texto poderia causar aos alunos de nossos Institutos Catequéticos e aos demais leitores de boa cultura.

Agradecemos ao dinâmico Diretor da Editora VOZES, Frei Ludovico Gomes de Castro, O.F.M., nosso velho mestre, a quem devemos a nossa especialização em Patrologia na Sorbonne, a publicação dos textos fundamentais da catequese cristã. Esperamos de nosso aluno e amigo Frei Alberto Beckhäuser, O.F.M., coordenador da Coleção, que leve a termo esta iniciativa destinada a marcar época em nossos estudos eclesiásticos. Agradecemos muito de coração à Profª Maria Ângela Borsoi a colaboração contínua, sobretudo a verificação de todos os textos e a confecção do índice escriturístico, trabalho quase inédito, mas tão importante em tais publicações.

Afinal pedimos perdão pelas falhas e incorreções. Como Bispo, nos transformamos facilmente em amador no terreno da ciência, por falta de biblioteca e de lazer para a pesquisa.

Esperamos, no entanto, que por esta edição Inácio de Antioquia possa revelar sua grande alma e transmitir sua mensagem para os nossos tempos.

São Paulo, 3 de julho de 1969.

† Paulo Evaristo Arns, O.F.M.

Bispo Auxiliar de São Paulo

Introdução

I. O homem e a obra

1. Os homens célebres da antiguidade cristã nos obrigam a descobrir-lhes a fisionomia através da própria obra. No momento em que surpreendemos a Santo Inácio escrevendo as três últimas cartas em Trôade, poderíamos resumir nossas informações em meia dúzia de linhas, transmitidas por São Jerônimo em seu *De Viris Illustribus,* cap. 16 (fim do século IV):

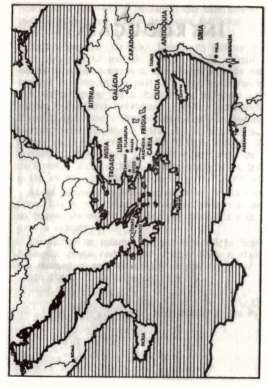

Neste mapa assinalam-se as cidades destinatárias das cartas

"Inácio, terceiro bispo, depois do Apóstolo Pedro, da Igreja de Antioquia, foi enviado preso a Roma, condenado às feras durante a perseguição movida por Trajano. Chegando por mar a Esmirna, onde Policarpo, o ouvinte de João, era bispo, escreveu uma Carta aos efésios, outra aos magnésios, uma terceira aos tralianos e a quarta aos romanos. Partindo daí, escreveu aos filadélfios, aos esmirnenses e em particular ainda a Policarpo, recomendando-lhe a Igreja de Antioquia". Este relato de Jerônimo foi tomado de empréstimo a Eusébio e só pode ser ampliado a partir de informações gerais que possuímos da história da Antiguidade.

Bispo de Antioquia – Cidade de tradições clássicas; centro de irradiação do cristianismo. A partir do Apóstolo Pedro, e sobretudo do Apóstolo Paulo, será Antioquia, durante séculos, a Igreja-Mãe do Oriente, para a qual olham todas as igrejas particulares da Ásia Menor e da qual também recebem o incentivo na luta pela unidade e pela ortodoxia.

Inácio, ancião, preso por causa da fé, é julgado tão importante, que as autoridades o transportam a Roma, para aí ser exibido ao povo. Bispo e mártir, será tão decisivo seu testemunho para as comunidades cristãs, que elas não só acompanham a sua viagem, mas lhe pedem palavras de conforto e orientação nas dificuldades que atravessam. Personalidade marcante, não deixará de dizer aos outros, com autoridade, aquilo que devem ouvir.

Temos, portanto, três elementos a considerar: o *centro político,* que torna Inácio célebre aos olhos do mundo; a *Igreja de Antioquia,* que lhe dá prestígio aos olhos dos cristãos; a *personalidade,* capaz de orientar a história religiosa, aos olhos dos chefes das comunidades asiáticas.

A época em que se situam a viagem e o martírio é das mais florescentes para o Império Romano. Estamos no início do século II, talvez no ano 107. O melhor dos imperadores romanos, Trajano[1], proporcionou ao império o maior

---

1. Governou de 98 a 117.

território e o desenvolvimento mais promissor. O mesmo Trajano, avesso a pequenas intrigas, não hesitará diante de medidas enérgicas contra os cristãos ou contra qualquer outro movimento que pudesse agitar uma parte do império. A atitude dele nos é sobejamente conhecida através de sua correspondência com Plínio, o Moço[2]. É sabido igualmente que, no ano 107, Trajano preparou grandioso espetáculo em Roma, em que foram mortos gladiadores e homens ilustres em luta com 11.000 animais selvagens. É bem possível que Inácio, naquela hora, tenha realizado o seu desejo supremo: "Deixai que seja presa dos animais ferozes; por eles chegarei a Deus. Sou trigo de Deus; oxalá seja moído pelos dentes dos animais, para tornar-me o pão puro de Cristo".

Antes de chegar a tanto, escreveu ele em Esmirna as quatro Epístolas, mencionadas por Jerônimo, e em Trôade as três outras, que figuram no mesmo relatório.

---

2. Cartas, L. X, 97.

2. Dentre as sete epístolas de Santo Inácio, cinco obedecem quase ao mesmo esquema:

1º Saudação, louvores e agradecimentos.

2º Exortação à unidade, em torno do Bispo e de seu Presbitério.

3º Admoestação veemente a precaver-se contra os hereges, dissidentes, gnósticos, docetas e judaizantes.

4º Saudações e recomendações.

Dissemos que duas delas fogem ao roteiro comum. São as epístolas dirigidas a Policarpo e à comunidade de Roma. A primeira compendia conselhos de prudência pastoral para o jovem bispo que o acolheu há pouco em sua viagem por Esmirna. A segunda, devido a circunstâncias especiais, se transformou numa verdadeira apologia do martírio. Inácio, sabendo que os romanos poderiam impedi-lo de realizar o desejo supremo de sua vida, evoca os elementos espirituais e místicos da época que pudessem convencer os romanos a deixarem correr livremente o processo até o desfecho pelo martírio.

Sobretudo nesta última carta, chega ele a transmitir-nos um espelho de sua alma, um testemunho de sua coragem diante da morte e uma prova de fé nas realidades supremas e eternas. Durante séculos, a epístola aos romanos será citada, e assimilada, por mártires, monges e almas corajosas.

Um segundo elemento ainda tornou célebre esta mesma epístola: é que nela Inácio lembra que a comunidade cristã da Capital "preside no território dos romanos" e que ela "assume a presidência da caridade". Daí tiraram os apologistas do papado o argumento em favor de seu exercício, já no fim do século I; daí tiraram os reacionários contra o papado argumentos para não aceitarem a autenticidade da mesma epístola. Depois, no entanto, que os célebres historiadores protestantes Lightfoot, Harnack e Zahn estabeleceram, de forma definitiva, sua autenticidade e lhe reconheceram o caráter excepcional, puderam serenar-se os ânimos. O argumento em favor do papado não poderá estribar-se unicamente nesses dois termos, muito embora "presidir" seja termo técnico e "ágape" muitas vezes signifique não apenas caridade, mas a comunidade dos que vivem em caridade – a Igreja Católica.

Todas as sete epístolas exprimem-se numa linguagem candente, mas revelam ao mesmo tempo a situação concreta das comunidades cristãs no final do século I.

O *estilo* de Inácio não é nem clássico nem popular. Repetições frequentes, metáforas ousadas e obscuras, anacolutos, períodos incompletos, até incorreções, desafiam o intérprete mais preparado. Talvez por esse motivo, grandes autores da Antiguidade pouco citaram um autor de tamanha envergadura.

De fato, porém, sabe ele exprimir seu pensamento com vigor inusitado. Sua frase é movimentada; suas afirmações, decisivas. A eloquência chega a atingir o ápice da expressão. Mesmo assim, é difícil ler este manual condensado de doutrina, pastoral, catequese e alta mística. Quem não para e reflete ou deixa de aperceber-se do verdadeiro conteúdo ou se sente atordoado por tantas explosões da imaginação, do pensamento, da intuição e da mística. Gostaríamos que o leitor fizesse a experiência que nós fizemos: Dê a duas professoras, de boa formação secundária, a tarefa de lerem as sete epístolas. Após a primeira leitura, elas dirão: "Não foi difícil, porque se assemelham às Epístolas do Novo Testamento". Após a segunda leitura, será bem outro o julgamento: "Quanta dificuldade, quantos termos novos, quantas ideias inusitadas; que mar de impressões!" Quem, no entanto, se habituar à análise dos textos inacianos encontrará neles a mensagem moderna de adesão total às verdades decisivas: algumas grandes linhas que partem do Coração de Deus e modificam o rumo das pessoas e das comunidades. Teologia e pastoral, profundamente imersas na massa humana.

As cartas de Santo Inácio, que lançam tão viva luz sobre a situação interior das comunidades do século I, permitem, além disso, penetrar no próprio coração de um herói da fé e não podem deixar de ter sua influência ao longo da história. O próprio Policarpo, de quem falamos acima, acha que delas "se pode tirar grande proveito, animação para a fé, paciência, e ainda toda sorte de edificação a partir de Nosso Senhor"[3]. Em cada século subsequente encontramos testemunhos formais sobre a autenticidade e o valor das mesmas cartas.

Como no entanto aconteceu com todos os escritos importantes da Antiguidade, também as epístolas de Santo Inácio foram resumidas, e isso talvez já no século II. Depois foram interpoladas com seis novas cartas. Isso no século IV. Assim temos, pois, três recensões: uma grande, outra média e uma terceira abreviada. Lightfoot, grande crítico e historiador da Antiguidade,

---

3. Epístola XIII, 2.

estabeleceu – em fins do século passado – a autenticidade da coleção média. Voltamos assim exatamente ao que afirmava a tradição cristã na antiguidade: Inácio escreveu sete cartas e delas possuímos um texto assaz seguro. Depois que os críticos de primeira água como Harnack, Lietzmann, Funk e Zahn aderiram a esta tese já não se precisa mais temer que não se esteja lendo um texto autêntico[4], do início do século II, texto este brotado de um coração de fogo, na etimologia simplificada dos antigos – *Ignatius: igne-natus* – nascido do fogo.

---

4. Para a nossa tradução recorremos à edição crítica de J.A. Fischer, *Die Apostolischen Väter,* Griechisch-Deutsch, Kösel-Verlag zu München, Erste Auflage 1956. Cotejamos igualmente o texto e tradução de Daniel Ruiz Bueno em *Padres Apostólicos,* Edición bilingue completa, Biblioteca de Autores Cristianos, 65. Madri, 1950; Tradução e notas de François Louvel, O.P., em *Les Ecrits des Pères Apostoliques,* CERF, Paris, 1963.

II. Mensagem

1. Unidade visível

a) Unidade entre os cristãos

Gostaríamos de sublinhar, desde o início, que Inácio não elaborou nenhum escrito sistemático, nem tampouco sistematizou suas normas pastorais sobre a unidade. Recebera ele delegações de bispos, presbíteros e diáconos. Logo, aceitou a perspectiva hierárquica para falar às comunidades. Mesmo assim, seria exagero afirmar que Inácio pretendesse unicamente reforçar a posição desses bispos, presbíteros e diáconos diante de suas comunidades. Sua linguagem é tão vibrante, e por vezes tão dramática, que nos leva a convencer-nos de uma espiritualidade vivida por ele e necessária à comunidade cristã. Expressões como estas: "Amai a união! Fugi das discórdias! Tornai-vos imitadores de Jesus Cristo, como Ele o é do Pai!"[5], constituem o fio condutor de todos

---

5. Fil 7,2.

os seus escritos e acrescentam sempre que tudo se realize, mesmo na Família, segundo o Senhor e na unidade com o bispo[6]. Praticamente só existe uma tentação: é a de ceder às "artimanhas e tramoias do príncipe deste século", "e vir a esmorecer no amor, atribulados pela sagacidade dele". Ninguém se admirará, pois, que reapareça o preventivo e o remédio mais seguro: "uni-vos num só coração indiviso"[7].

Inácio, no entanto, é teólogo. Buscará assim a norma última de tudo lá onde ela se encontra, em Deus e em Jesus: "conformando-vos assim todos ao proceder de Deus, amai-vos uns aos outros, e ninguém considere o próximo segundo a carne, mas amai-vos sempre mutuamente em Jesus Cristo"[8]. "Deus não mora lá onde houver

---

6. Pol 5,1-2.
7. Fil 6,2; Tral 13,2; Efes 20,2.
8. Mag 6,2.

desunião e ira"[9]. Os cristãos não podem aspirar a esse título[10] sem serem "filhos da luz, da verdade, fugindo da cisão e das más doutrinas"[11].

Esta unidade leva a "uma só oração, uma só súplica, uma só mente, uma esperança, na caridade, na alegria imperturbável, isto é, a Jesus Cristo, a quem nada é preferível"[12]. O mártir de Antioquia é capaz de enleios poéticos, quando verifica que os cristãos "um por um chegam a formar um coro, para cantarem juntos em harmonia; acertando o tom de Deus na unidade e cantando em uníssono por Jesus ao Pai, a fim de que Ele os escute e os reconheça pelas suas boas obras, pois são membros de Seu Filho"[13].

---

9. Fil 8,1; Pol 1,2.
10. Mag 4,1.
11. Fil 2,1-2.
12. Mag 7,1.
13. Efes 4,2.

b) União com a Hierarquia, união com Deus

Esta unidade de fato só se realiza, se for ancorada nos representantes visíveis de Deus e no próprio Deus.

Inácio, ao ver o bispo, ao amá-lo, vê e ama a comunidade toda "que se esforça por fazer tudo na harmonia de Deus, sob a presidência do bispo em lugar de Deus, e dos presbíteros em lugar do colégio dos apóstolos, e dos diáconos, particularmente queridos, encarregados do serviço de Jesus Cristo, o qual antes dos séculos estava com o Pai e nos últimos tempos se manifestou"[14]. Assim é que eles se conformam todos ao "proceder de Deus".

Compreende-se. Os cristãos são propriedade de Deus e de Jesus Cristo e terão como tarefa contínua e irreversível na vida "converterem-se e voltarem à unidade da Igreja, para assim

---

14. Mag 6,1.

pertencerem de fato a Deus e terem vida segundo Jesus Cristo"[15].

Isso supõe humildade, pureza, "para permanecer no interior do santuário e não se separar de Jesus Cristo Deus, nem do bispo, nem das prescrições dos apóstolos"[16]. Já se percebe aqui a preocupação da continuidade apostólica da *tradição,* que é conservada pela hierarquia[17]. Inácio é capaz de lembrar numa mesma frase um verso da liturgia e uma recomendação "para que tudo quanto fazeis se encaminhe bem na carne e no espírito, na fé e na caridade, no Filho, no Pai e no Espírito Santo, no começo e no fim, em união com vosso bispo muito digno e a coroa espiritual bem trançada de vosso presbitério e com os diáconos, segundo o coração de Deus"[18].

---

15. Fil 3,1.
16. Tral 7,1.
17. Mag 13,1-2.
18. Mag 13,1.

O entusiasmo dele cresce, ao ponto de oferecer-se "como resgate daqueles que se sujeitam ao bispo, aos presbíteros e aos diáconos"[19]. Defende-se ele da suspeita de que só escreva estas coisas porque alguém lhe tenha comunicado fatos em desabono à comunidade. Não. Fala alto e bom som, na voz de Deus: "Apegai-vos ao bispo, ao presbitério e aos diáconos!"[20] "Tomar conhecimento da vontade de Deus só se pode através do bispo, como também será honrado por Deus quem honra o bispo e presta culto ao diabo quem faz algo às ocultas do bispo"[21]. Só se pode avançar quando se avança junto, de acordo com o pensamento do bispo[22]. "Assim como o Senhor nada fez sem o Pai com o qual estava unido – nem pessoalmente, nem através dos apóstolos – assim também vós nada haveis de empreender sem o

---

19. Pol 6,1.
20. Fil 7,1.
21. Esm 9,1.
22. Efes 4,1.

bispo e os presbíteros, nem queirais tentar fazer passar por razoável o que fazeis à parte"[23].

A alegria dele, a intimidade com as comunidades que conheceu de perto e com aquelas às quais transmite o "mandamento do Senhor" encontrará um denominador comum: a certeza de que estão unidos ao bispo[24]. É evidente, no entanto, que a união pelos sacramentos torna mais estreitos os laços que unem o bispo às pessoas e à comunidade: ninguém se casa sem o "consentimento do bispo"[25]; como é legítima "tão somente a Eucaristia, realizada sob a presidência do bispo ou um delegado seu". Aliás, onde se apresenta o bispo, ali está presente a comunidade, assim como a presença de Cristo Jesus também nos assegura a presença da Igreja Católica. Batismo, ágape, Eucaristia, Matrimônio, reuniões, preces, atividades,

---

23. Mag 7,1.
24. Efes 2,2; 5,1; 5,3; 20,2; Esm 8,1-2; Pol 8,3; Tral 13,2; Fl pról.
25. Pol 5,2.

unem a comunidade entre si, como a unem também a Jesus Cristo e ao Pai através do bispo[26].

c) O Bispo representa a Comunidade

Nada pode separar os cristãos entre si, quando a caridade se orienta por Cristo e tem o bispo e os presidentes como ponto de convergência[27].

Ao longo de todas as Epístolas verificamos que a incumbência que o bispo recebeu da "caridade de Deus Pai e do Senhor Jesus Cristo" se resume no serviço à comunidade. De fato, Inácio reconhece muitos modos de escolher o bispo: por eleição e por prestígio, graças às qualidades humanas. No entanto, em última

---

26. Esm 8,1-2.

27. Mag 6,2. Curioso, e talvez fato único nas Epístolas de Inácio, que além do bispo nomeie outros "presidentes" que certamente serão os presbíteros. Não deveríamos entender sob a denominação presidentes aqueles presbíteros que atuam como delegados dos bispos, sobretudo em locais distantes?

análise, a missão lhe é outorgada dentro do plano do Pai[28].

Por isso mesmo, onde quer que se apresente o bispo está presente a comunidade, "assim como a presença de Cristo Jesus assegura a presença da Igreja Católica"[29].

Não é apenas gesto de delicadeza para com os chefes das embaixadas, que Políbio e Onésimo representam as comunidades de Trales e de Éfeso. É antes a doutrina mesma, que assim vem inculcada desde o início de cada Epístola[30].

d) Unidade da Hierarquia

Inácio, em Epístolas tão curtas, fala sessenta vezes de bispos, lembra vinte e duas vezes presbíteros e menciona quinze vezes diáconos. Por aí se percebe a grande preocupação de unir não

---

28. Fil 1,1.
29. Esm 8,2.
30. Cf. Tral 1,1; 3,2; Efes 1,3.

só as comunidades àqueles que lhes garantem a unidade, mas também de unir a hierarquia entre si. Poderíamos reassumir a afirmação de A. Michiels[31]: "Basta lermos as Cartas de Santo Inácio, para nos convencermos de que esta hierarquia não datava da véspera; que nada então se inovava".

Sintomático nos parece o fato de Inácio mencionar treze vezes a hierarquia tripartita, a saber, bispos, presbíteros e diáconos, num só fôlego. Talvez estivesse aí a marca autêntica da unidade do sacramento e da corresponsabilidade no exercício das funções sacerdotais: "Um é o altar, assim como também um é o bispo, junto com seu presbitério e diáconos, aliás meus colegas de serviço. E isso, para fazerdes segundo Deus o que fizerdes"[32].

Esta unidade deve estender-se ao próprio pensamento e há de manifestar-se como música. A cítara e as cordas sintonizam pelos sentimentos

31. *Evêques,* apud *Dict. Apolog. de la Foi Cath.*, I, col. 1770.
32. Fil 4,1.

e pela caridade harmoniosa com que os representantes de Jesus Cristo operam em conjunto[33].

A função dos presbíteros em relação ao bispo é a de dar-lhe conforto, alma, para que possa cumprir sua tarefa em relação ao Pai de Jesus Cristo e na imitação dos apóstolos. A oração comum é que cria condições para o respeito e a colaboração[34]. Não importa nem a idade nem a falta de experiência do bispo, como torna a frisar Inácio[35].

Os que a ele se submetem, submetem-se ao Pai de Jesus Cristo, Bispo de todos. Daí a consequência: "ninguém engana a tal ou tal bispo visível, mas abusaria do Bispo Invisível", que o elegeu e que conhece o que há de oculto[36]. O princípio que se transforma no fio da meada através de todas as Epístolas poderia enunciar-se

---

33. Efes 4,1.
34. Tral 12,2.
35. Mag 3,1.
36. Mag 3,1-2.

com esta frase de Inácio: "torna-se, pois, evidente que se deve olhar para o bispo, como para o próprio Senhor"[37].

Na antiguidade não era preciso insistir normalmente sobre "obediência-amor", porque as comunidades eram pequenas e os bispos cresciam com elas na amizade e na fé. No entanto, vez por outra, e sobretudo para uma cidade grande como a de Éfeso, Inácio torna a lembrá-lo: "Peço-vos que o ameis (ao bispo) e que a ele todos vos assemelheis"[38].

e) A posição dos diáconos

Já lembramos acima que os diáconos vêm mencionados quinze vezes nas Epístolas de Inácio[39]. Importante é observarmos desde logo que

---

37. Efes 6,1.

38. Efes 1,3.

39. Uma vez Efes, três vezes Tral, três vezes Mag, cinco vezes Fil, duas vezes Esm, uma vez Pol.

há um modo muito diverso de citar diáconos e presbíteros. Enquanto estes últimos sempre são lembrados no plural, como colégio, em torno do bispo, os diáconos se apresentam como pessoas que exercem a missão sagrada, estreitamente ligada à ação do bispo. Daniélou chega a afirmar que os dois grupos – presbíteros e diáconos – estavam em oposição e que, talvez, por essa razão, Inácio insistisse sobre sua união em torno do único bispo[40].

Os apelos constantes à unidade visariam por isso mesmo os animadores da comunidade. A conclusão de Daniélou, baseada é certo nas experiências da História posterior, dificilmente encontraria prova certa de que os dois serviços – o dos presbíteros e o dos diáconos – se opusessem um ao outro, o que no entanto não exclui que os diáconos venham citados pelo nome, sejam as pessoas principais das embaixadas, enviadas ao encontro do grande mártir, e se vejam até por ele

40. *Nova História da Igreja*, Vozes, 1966, I, p. 74.

distinguidos com títulos de honra, que jamais Inácio atribuiu a um presbítero.

Duas grandes conclusões parecem impor-se a partir dos textos inacianos:

1º "Não é de comidas e bebidas que são diáconos". Verifica-se, portanto, que a evolução indicada pelos Atos dos Apóstolos, a saber, de os diáconos passarem do serviço da mesa ao serviço da palavra, seja fato consumado no final do século I. Talvez a conclusão ainda deva ser maior. Inácio acrescenta "mas são servos da Igreja de Deus. Terão que se precaver, pois, contra as acusações como contra o fogo"[41]. Não teríamos aí a prova evidente de que o diácono, como o bispo, exerce uma função que chamaríamos hoje "diocesana", por que orientada em favor de toda a comunidade e baseada num trabalho que põe em evidência a pessoa e não apenas o cargo? Não parece curioso que na Epístola aos Filadélfios os

---

41. Tral 2,3.

dois diáconos recebam recomendação, que possa garantir-lhes boa acolhida na hora em que voltarem ao serviço de suas comunidades? Trata-se de Fílon e Reos Agátopos. O primeiro é homem de prestígio que continua pregando ou sendo intérprete das pregações de Inácio; enquanto Reos, "outro homem de consideração", expõe a própria vida em favor do bispo. Representam ambos a comunidade, embora haja quem os combata e lhes falte com o respeito[42].

2º Os demais diáconos são todos eles lembrados com muita amizade, como colaboradores íntimos do bispo. Não só companheiros de serviço, mas unidos por vínculos especiais e pelo prazer que sua companhia dá ao velho bispo[43].

A conclusão parece impor-se: nenhum dos diáconos mencionados exerce sua função em dependência de presbíteros, e sim, em ligação

---

42. Fil 11,1.
43. Mag 1,2; Tral 2,3; Efes 2,1.

direta com os bispos. Sua cultura e suas funções, como também o contato com os grandes problemas atraem sobre eles as críticas e talvez até os ciúmes de membros da comunidade. Iríamos então até o ponto de afirmar que mesmo os presbíteros se sentem diminuídos por causa deles? Talvez a expressão de Inácio de a hierarquia ter que se manifestar como a citara e as cordas[44] fosse um preventivo. Em todo caso, a posição histórica do diaconato nos próximos séculos aparece claramente delineada: seus nomes são conhecidos da parte da comunidade, e suas funções, estreitamente ligadas às do bispo, indicam-nos como sucessores prováveis deles em muitas igrejas. "Servos da Igreja toda" serão facilmente os novos supervisores da Igreja toda.

---

44. Efes 4,1.

2. Comunidade missionária

O espírito missionário levou os primeiros cristãos a difundirem o Evangelho em menos de cem anos, pelo mundo inteiro.

Obra de apóstolos, sem dúvida. Mas quem eram esses apóstolos? Bispos e outros servidores da Palavra? Ou sentiam os cristãos todos a responsabilidade pelos menos fervorosos e pelos que ainda não haviam sido atingidos pela mensagem do Evangelho?

Que Inácio fosse missionário parece óbvio. Que ele levasse Policarpo a "acelerar o próprio passo e a exortar também os outros a que se salvem, empenhando-se física e espiritualmente"[45], não admira. Já os antigos simplificavam a etimologia do nome *Ignatius,* decompondo-o nos termos *igne-natus,* quer dizer, nascido do fogo, destinado a produzir entusiasmos.

---

45. Pol 1,2.

A veneração dele pela missão dos profetas "tão divinos" e o desejo do martírio levaram-no a proferir, como ele o diz, a "palavra saída do silêncio"[46]. Inspirado, como os profetas, em Jesus Cristo, conhecia um só caminho para a revelação de Deus, "a manifestar-se por Jesus Cristo, Seu Filho". Discípulo fiel de São Paulo, ao relacionar todo o Antigo Testamento com o Salvador, buscará ele a mesma força em "o Nome".

Os que foram escolhidos para qualquer missão, mesmo para uma embaixada destinada a celebrar a caridade infatigável de uma comunidade, podem chamar-se "estafetas de Deus"[47].

Inácio, no entanto, é suficientemente realista, para compreender que muitos não se deixam converter nem pelas profecias, nem pela Lei de Moisés, nem mesmo pelo Evangelho e o testemunho dos mártires. Aliás, não aceita ele

---

46. Mag 8,2.
47. Pol 7,2.

admiração pelo seu heroísmo, se esta mesma admiração não levar os infiéis a se converterem à Paixão de Jesus, que é a nossa Ressurreição[48].

Três são os grandes caminhos que o Espírito de Deus abriu até o coração dos que ainda não creem:

1º O cristão não se pertence. Está à disposição de Deus, a ponto de não ser dono de si mesmo[49]. Diríamos com Pascal: ele se supera infinitamente[50], ou ainda faz parte de um Plano de Deus e este Plano insondável se realiza misteriosamente pela vida de cada um. Condição para tanto é de não apenas dizer-se cristão, mas de manifestar-se como tal; de não apenas falar, mas também querer[51]. Seria até preferível "calar-se e ser do que falar e não ser"[52]. Na mesma hora,

---

48. Esm 5,1-3.
49. Pol 7,3.
50. *Pensées*, ed. Brunschvicg, nº 434.
51. Roman 3,2.
52. Efes 15,1.

no entanto, em que Inácio apela para a autenticidade da vivência cristã, ele se extasiará diante da missão confiada por Deus a todos os batizados, transmitindo como uma espécie de *slogan* a motivação missionária: "é maravilhoso ensinar, quando se faz o que se diz".

2º O mártir de Antioquia é homem de oração, de contemplação. Foi considerado um dos maiores místicos cristãos de todos os tempos, daí a sua exortação: "mas também pelos demais homens rezai sem cessar. Pois neles existe esperança de conversão, de chegarem a Deus"[53].

A oração, no entanto, não consiste apenas em rezas, mas na união Àquele que no Sermão da Montanha traçou as normas para a comunidade dos homens. Não resistimos à tentação de reproduzir aqui uma espécie de ilustração inaciana ao Sermão da Montanha: "Diante de suas explosões de cólera, vós sereis mansos; diante de sua

---

53. Efes 10,1.

presunção, sereis humildes; diante de suas blasfêmias, oferecereis orações; diante dos erros deles, manter-vos-eis firmes na fé; diante de sua selvageria, sereis pacíficos, sem procurar imitá-los. Que nos encontrem como irmãos pela bondade. Esforcemo-nos, por sermos imitadores do Senhor: quem mais do que Ele foi injustiçado? quem mais despojado? quem mais desprestigiado? Assim não seja encontrada entre vós planta alguma do diabo, mas que em toda pureza e temperança permaneçais em Jesus Cristo, corporal e espiritualmente"[54].

3º Como o Divino Mestre e como todos os grandes missionários, Inácio deseja morrer para consumar sua obra e este desejo transforma-se em convite. É assim que os homens chegarão ao Pai: "meu amor está crucificado e não há em mim fogo para amar a matéria; pelo contrário, água viva murmurando dentro de mim, falando-me ao interior: vamos ao Pai"[55].

---

54. Efes 10,2-3.
55. Roman 7,2.

O martírio não se resume apenas em um desejo de salvação própria. Inácio escreve a todas as Igrejas e insiste junto a elas, dizendo que morre de boa vontade *por Deus*. O cap. IV da Epístola aos Romanos talvez seja o maior hino ao martírio, unindo-se à Eucaristia, exatamente como se uniram o sacrifício da Cruz e a Ceia Eucarística: "deixai-me ser comida para feras, pelas quais me é possível encontrar Deus. Sou trigo de Deus e sou moído pelos dentes das feras, para encontrar-me como pão puro de Cristo... Então de fato serei discípulo de Jesus Cristo, quando o mundo nem mais vir meu corpo. Implorai a Cristo em meu favor, para que por estes instrumentos me faça vítima de Deus"[56].

O ardor missionário não é, portanto, exclusivo do clero, mas anima os cristãos todos a uma plena vivência do cristianismo, a uma oração e atitude correspondente a ela e ao desejo de dar-se totalmente por aqueles que ainda não encontraram Deus.

---

56. Roman 4,1-2.

3. Catequese inaciana

a) Cristologia

Reduzir a catequese inaciana ao cristocentrismo, sem dar a este conceito toda a sua extensão, equivaleria a uma simplificação injusta. No entanto, não resta dúvida que por Jesus Inácio explica toda a Revelação; por Jesus, sobe ele ao Pai; por Jesus, explica ele a vida, unidade e missão da Igreja.

Convém realçar, desde o início, que Inácio não se contenta em pregar o mistério pascal. Diante das tendências docetistas gregas – que trocavam a realidade pelas aparências – sente-se ele chamado a insistir não apenas na veracidade da Paixão, Morte e Ressurreição, mas também no fato histórico da Encarnação e Batismo. Podemos indicar ao leitor oito passagens em que Inácio realça a importância da Encarnação, ao lado da Morte e Ressurreição[57].

---

57. Esm 1,1-2; 4,2; Tral 9,1-2; Efes 7,2; 18,2; 19,1-3; 20,1-2; Mag 11,1.

No entanto, o mistério central, celebrado pela Eucaristia e pela vida diária dos cristãos, será evocado espontaneamente ao longo de toda a correspondência. Os textos por vezes se encarnam numa profissão de fé, outras vezes nos versos da liturgia eucarística, e outras em simples exortações. Atrás de tudo, no entanto, aparece forte e inconfundível a personalidade do homem que assumiu o mistério pascal como centro, norma e fonte de toda a sua vida[58].

A afirmação da verdade histórica da existência do Cristo impele Inácio a subir continuamente até o Pai, o Deus Uno. "Um só Jesus Cristo, que saiu de um só Pai, permaneceu num só e a Ele voltou"[59]. Esta manifestação de Deus abriu os caminhos para a História da Salvação: "a fim de que os incrédulos se convencessem plenamente que há um só Deus,

---

58. Esm 2,1; 3,1-3; 6,1; 7,1; Fil, pról.; 3,3; 8,2; Roman 6,1; Tral 2,1; 11,2.

59. Mag 7,2.

a manifestar-se por Jesus Cristo Seu Filho"[60]. Esta palavra de Deus, Santo Inácio se compraz em dizê-lo, saiu do silêncio eterno e em tudo agradou Àquele que O enviou. É que Jesus é o pensamento do Pai[61] a manifestar a verdade, "pois Ele é a boca sem mentiras, pela qual o Pai falou a verdade"[62]. "Antes dos séculos n'Ele estava, nos últimos tempos se manifestou"[63]. Importante, para a época, era reafirmar a unidade de Deus, porque os judaizantes, isto é, os cristãos malconvertidos do judaísmo, como também os pagãos, malconvertidos da idolatria, deviam convencer-se das duas verdades: o Cristo é Deus, junto com o Pai e o Espírito Santo, permanecendo intacta a unidade deste mesmo Deus[64].

---

60. Mag 8,2.

61. Efes 3,2.

62. Roman 8,2; cf. Efes 6,2.

63. Mag 6,1.

64. Mag 6,1; 8,2.

Inácio nunca afirmará nada, sem tirar logo as consequências pastorais, ou seja, a aplicação à vida. Como Paulo, dirá ele aos romanos: "coisa alguma visível e invisível me impeça de encontrar a Jesus Cristo. Fogo e cruz, manadas de feras, quebraduras de ossos, esquartejamentos, trituração do corpo todo, os piores flagelos do diabo venham sobre mim, contanto que encontre a Jesus Cristo"[65].

"Só o fato de nos encontrarmos em Cristo Jesus nos garantirá entrada para a vida verdadeira"[66]. Não admira, pois, que o místico, tão preocupado com a autenticidade da vivência cristã de toda a Igreja, prorrompa na exclamação que poderia figurar no Cântico dos Cânticos: "a ele é que procuro, que morreu por nós; quero Aquele que ressuscitou por nossa causa"[67].

---

65. Roman 5,3.
66. Efes 11,1; Mag 1,2.
67. Roman 6,1.

b) A Revelação leva a Cristo

Já mencionamos quanto era forte a corrente judaizante, aquela que punha Cristo a serviço dos "documentos antigos", quer dizer, do Antigo Testamento. Inácio, na Epístola aos Filadélfios, cap. VIII, reproduz uma discussão sua com os judaizantes. O final nos indica a atitude cristã diante de todas as Escrituras: "para mim, documentos antigos são Jesus Cristo; para mim, documentos invioláveis constituem Sua Cruz, Sua Morte, Sua Ressurreição, como também a fé que nos vem d'Ele! Nisso é que desejo, por vossa oração, ser justificado".

Terá ele, no entanto, o grande cuidado de dar "toda a atenção aos profetas"[68]. Em consonância com a tradição antiga, acentuará o valor dos profetas; mas, em oposição à primeira geração, não irá buscar seus argumentos nos profetas, para justificar o Evangelho. É ele que

---

68. Esm 7,2.

justifica aqueles: "amemos igualmente os profetas, por terem também eles anunciado o Evangelho, terem esperado n'Ele e O terem aguardado. Foram salvos por Lhe terem dado fé, e, unidos a Jesus Cristo, tornaram-se santos dignos do nosso amor e admiração, aprovados pelo testemunho de Jesus Cristo, sendo enumerados no Evangelho da comum esperança"[69]. Não que haja oposição; haverá antes síntese, consumação dos dados revelados por Deus: "o Evangelho contém ainda algo de mais sublime, a saber, a vinda do Salvador e Senhor Nosso Jesus Cristo, a sua Paixão e Ressurreição. A respeito d'Ele vaticinaram os queridos profetas. O Evangelho constitui mesmo a consumação da imortalidade"[70].

Na mesma Epístola aos Filadélfios[71], acentua ele a unidade dos dois Testamentos: "Embora

---

69. Fil 5,2.

70. Fil 9,2.

71. 9,1.

fossem honrados também os sacerdotes[72], mais merecedor, porém, é o Sumo-Sacerdote, responsável pelo Santo dos Santos, pois só a Ele foram confiados os mistérios de Deus. É Ele a Porta para o Pai, pela qual entram Abraão, Isaac e Jacó, os profetas, os apóstolos e a Igreja. Tudo isso leva à unidade de Deus".

Aqui já transparece a missão da Igreja, portadora e guardiã da Revelação através dos séculos: "Buscaremos refúgio no Evangelho como na carne de Jesus, e nos apóstolos como no presbitério da Igreja"[73].

c) A Igreja de Cristo

A antiguidade cristã pensava através de imagens. Herança preciosa que lhe foi deixada pelo próprio Cristo; pedagogia para um povo simples que aprendia "ouvindo, vendo com os

---

72. Da Antiga Lei.

73. Fil 5,1.

olhos, contemplando, apalpando com as mãos e tocando o Verbo da Vida", como diria São João no Prólogo de sua I Epístola.

A Igreja *esposa* amada do Senhor[74], *eleita* na Paixão verdadeira, pela vontade do Pai e de Jesus Cristo nosso Deus[75], que reúne tanto judeus, como gentios, no único *corpo*[76], são expressões que surgem espontaneamente, em meio às exortações do santo. Acontece, porém, que Inácio elabore alguma comparação e nela introduza os elementos que lhe parecem fundamentais: "sabendo que sois pedras do templo do Pai, preparadas para a construção de Deus Pai, alçadas para as alturas pela alavanca de Jesus Cristo, alavanca que é a cruz, servindo-vos do Espírito Santo como de um cabo. Vossa fé por um lado é o guia, enquanto a caridade se transforma em caminho

---

74. Pol 5,1.
75. Efes, Pról.
76. Esm 1,2.

que leva para cima, até Deus"[77]. Tentativa de visualizar elementos teológicos pelo linguajar dos construtores daquele tempo. Se os próprios termos do futuro Pastor de Hermas aqui aparecem, a ideia central daquele curioso livro não é estranha ao teólogo prático do século I: a Igreja, obra da SSma. Trindade, capitaliza todo o sentido da criação. E será por isso mesmo "celebrada pelos séculos"[78]; "bendita que é em grandeza na plenitude de Deus Pai, predestinada antes dos séculos a existir em todo tempo, unida para uma glória imperecível e imutável"[79].

Todo o nosso primeiro capítulo sobre a *Unidade visível* deveria ser aqui desdobrado, com o sentido de revelar a vida da Igreja: a universal – católica – cuja perenidade é garantida pela presença de Jesus Cristo; a particular, que

---

77. Efes 9,1.
78. Efes 8,1.
79. Efes, Pról.

vem representada na pessoa do bispo, unido ao presbitério, aos diáconos e fiéis.

d) Ressurreição dos mortos

Como São Paulo, na Primeira Carta aos Coríntios, sente o dever de demorar-se em alguns pontos básicos da vivência cristã, também Inácio frisará aquilo que está muito quente ou muito frio, quero dizer, aquilo que é aceito como forte motivação e aquilo que está sendo perigosamente esquecido.

Em cinco ocasiões, lembra-nos ele a esperança de ressuscitarmos "em Cristo", se conservarmos a fé n'Ele[80], se praticarmos a caridade[81], se padecermos[82], se rezarmos[83] e mantivermos firme nossa esperança na ressurreição[84].

---

80. Tral 9,2.
81. Esm 7,1.
82. Roman 4,3.
83. Efes 11,2.
84. Tral, Própl.

Uma observação, no entanto, nos parece importante: ressurreição para Inácio significa ressurreição para a vida, pois na Carta aos esmirnenses chega ele a exprimir em tom de ameaça aos docetas: "Ser-lhes-ia bem mais útil praticarem a caridade, para também ressuscitarem"[85]. Na expressão dos antigos: ressuscitar para a condenação não era propriamente ressuscitar, porque não levava a participar dos méritos e da glória na ressurreição do Senhor. A ressurreição "que nos conduzirá a Ele"[86] é a verdadeira ressurreição. Por ela, participamos da herança dos cristãos[87]; por ela, seremos alforriados, quer dizer, compartilharemos do gozo total da liberdade[88]; por ela afinal entraremos na posse da vida verdadeira[89].

---

85. Esm 7,1.
86. Tral, Pról.
87. Efes 11,2.
88. Roman 4,3.
89. Tral 9,2.

e) Firmeza na Fé

Duas parecem ter sido as grandes tentações dos cristãos da Ásia Menor no tempo de Inácio.

A primeira provinha dos *judaizantes*. Três tipos dentre eles manifestavam-se especialmente influentes. São Paulo encontrara os primeiros em Corinto, Colossos e na Galácia. Eles não chegavam a converterem-se ao cristianismo; sua infiltração por isso mesmo era tanto mais sorrateira. Ostentando estrita observância, usavam de influências políticas e do poder econômico. Imitados por todos, davam a impressão de estarem por toda parte. "Encontrar-se-ia dificilmente um lugar em que este povo não tivesse sido acolhido e não se tivesse tornado dono", havia escrito Estrabão, no tempo de Jesus. Após a dispersão, a influência ainda crescera. A cosmovisão de um judeu, a seriedade dos movimentos ascéticos, como o dos essênios, impressionavam profundamente a população helênica, tão carente de grandes filósofos no século I. Os 50 a 60.000

judeus de Roma foram capazes de traumatizar o milhão de romanos graças a sua coesão. Mas não eram só judeus; onde atuavam eram também judaizantes.

Outro grupo de judaizantes assumia crença sincretista, misturando judaísmo com magia, superstições orientais e crenças fabulosas. Os Atos dos Apóstolos nos apresentaram célebre espécimen na pessoa de Simão Mago. Cerdão e Carpócrates farão roça na terra de Santo Inácio, em Antioquia. Acontecia então o disparate, mencionado por Inácio, que um "não circuncidado" (não judeu) teime em ensinar judaísmo aos cristãos[90].

O terceiro grupo realmente rompera com o judaísmo, mas exprimia seus pensamentos em categorias judaicas.

Santo Inácio será categórico em suas afirmações contra os judaizantes e esta atitude

---

90. Fil 6,1.

prevalecerá até a época áurea do cristianismo no Oriente (cf. ainda São João Crisóstomo): "Se, no entanto, alguém vier com interpretações judaicas, não lhe deis ouvido. É melhor ouvir doutrina cristã dos lábios de um homem circuncidado, do que a judaica de um não circuncidado. Se, porém, ambos não falarem de Jesus Cristo, tenho-os em conta de colunas sepulcrais e mesmo de sepulcros, sobre os quais estão escritos apenas nomes de homens"[91].

A segunda, dos *gnósticos,* que manifestavam sua sobranceria apelando para um conhecimento superior, negava tanto a verdadeira divindade de Jesus quanto a sua encarnação real (docetas). Já os gnósticos haviam sido combatidos com veemência por São João nas Epístolas[92].

Os cristãos, que provinham do paganismo, descobriam no gnosticismo uma desculpa, para

---

91. Fil 6,1.
92. Cf. 1Jo 2,22; 4,2; 4,15; 5,5.

não tomarem a sério as consequências de sua fé. O cristianismo para eles – tão afeitos aos fraseados religiosos e filosóficos – não passaria de mais uma doutrina mítica. Inácio contentar-se-á em repetir o mesmo critério dado por São João: se alguém não aceitar Jesus como revelação de Deus e como homem verdadeiro é herege: "Mantende-vos surdos na hora em que alguém vos falar de outra coisa que de Jesus, da descendência de Davi, filho de Maria, o qual nasceu *de fato,* comeu e bebeu, foi *de fato* perseguido sob Pôncio Pilatos, *de fato* foi crucificado e morreu à vista dos que estão nos céus, na terra e debaixo da terra"[93].

Apelará inexoravelmente para a doutrina do Senhor e dos Apóstolos, apoiando-se num texto que pode ter sido litúrgico: "Cuidai, por conseguinte, de permanecer firmes nas doutrinas do Senhor e dos apóstolos, para que tudo quanto fizerdes se encaminhe bem na carne e no

---

93. Tral 9,1.

espírito, na fé e na caridade, no Filho e no Pai e no Espírito"[94].

4. Oração e Eucaristia

Parece-nos justo afirmar, toda a correspondência de Inácio é um apelo à união fraterna e à união com Deus, e esta união encontra sua expressão perfeita na Eucaristia.

Muitas vezes chega a ser difícil distinguir se ele fala da oração comunitária ou se se refere à celebração eucarística. Por exemplo, nesta singela exortação aos *Efésios:* "Cuidai, pois, de reunir-vos com mais frequência, para dar a Deus ação de graças e louvor. Pois, quando vos reunis com frequência, abatem-se as forças de satanás e desfaz-se o malefício, pela vossa união na fé"[95]. Ação de graças é termo técnico para Eucaristia,

---

94. Mag 13,1.
95. 13,1-2.

e o Louvor de Deus é celebrado pelas Orações eucarísticas. No entanto, "a maior frequência" talvez queira mesmo se referir à oração para fortalecimento da fé.

É certo que ele partirá sempre para a oração litúrgica: "Vede, escreve ele, se a oração de um e dois já possui tal força, quanto mais então a do bispo e de toda a Igreja"[96].

A participação na Eucaristia é tão necessária, que só ela decide se alguém é cristão ou não é. Mas uma vez que só se pode celebrá-la dentro da Igreja, será um convite contínuo, para não criar cisma, com simulação de celebrações: "Não se iluda ninguém. Se alguém não se encontrar no interior do recinto do altar, ver-se-á privado do pão de Deus"[97].

A Eucaristia será penhor de perseverança e renovação: "Sendo imitadores de Deus,

---

96. Efes 5,2.
97. Efes 5,2.

reanimados no sangue de Deus, levastes a termo a obra que vos é congênita"[98].

Numa frase, Inácio é capaz de sintetizar toda a aspiração humana que é a de sobreviver: "partindo um mesmo pão (sinônimo de celebrar Eucaristia), que é o remédio da imortalidade, antídoto contra a morte, mas vida em Jesus Cristo para sempre"[99].

Tanto a cidade de Roma quanto a de Antioquia, baseavam todos os valores da vida nos prazeres. Ambas se haviam tornado célebres por seus balneários, espetáculos e diversões e por suas cozinhas requintadas. Aos cristãos mergulhados na massa ávida de gozos, Santo Inácio transmite o seu testemunho: "Não me agradam comida passageira, nem prazeres desta vida. Quero pão de Deus que é carne de Jesus Cristo, da

---

98. Efes 1,1; Cf. também Tral 8,1.
99. Efes 20,2.

descendência de Davi, e, como bebida, quero o sangue d'Ele, que é o Amor incorruptível"[100].

A Eucaristia continuará a ser por todos os séculos a marca mais profunda da unidade e da ortodoxia. Daí o apelo do bispo mártir: "Acorrei todos ao único templo de Deus, ao único altar do sacrifício, a um só Jesus Cristo"[101].

5. Salvaguarda e reconquista da unidade

No final do nosso capítulo III, lembramos quanto os judaizantes e gnósticos embaraçavam a prática do cristianismo. Cada rombo na unidade será o início de novos rompimentos para o futuro. Veja as onze formas de gnosticismo, enumeradas por Daniélou em a *Nova História da Igreja*[102] e compare, logo a seguir, as

---

100. Roman 7,3.
101. Mag 7,2.
102. VOZES, 1966, I, p. 78-88.

Práticas e Imagens judeu-cristãs[103] e a Heterodoxia e Ortodoxia[104]. Neste mundo turbulento, Inácio iria salvaguardar a unidade, e, quem sabe, reconquistá-la.

a) Salvaguardar a Unidade

A unidade é um espetáculo que alegra a terra e o céu e arranca de Inácio os acentos mais líricos para cantá-la: "um por um, chegais a formar um coro, para cantardes juntos em harmonia; acertando o tom de Deus na unidade, cantais em uníssono por Jesus ao Pai, a fim de que vos escute, e reconheça pelas vossas boas obras que sois membros de Seu Filho. Vale assim a pena viver em unidade intangível, para que a toda hora também participeis de Deus"[105].

---

103. Ib., 89-100.
104. Ib., 115-122.
105. Efes 4,2.

Ele próprio reconhece como sua a missão de unir: "Canto as Igrejas nas quais desejo a união da carne e do espírito de Jesus Cristo, que é a nossa vida para sempre, a união da fé e da caridade, à qual nada supera, e, para dizer coisa ainda mais sublime, a união de Jesus e do Pai"[106].

Este cuidado pela união é confiado a todos os cristãos e deles se exige o testemunho nesta linha[107]; ela é obra do Bispo e este não deve julgar nenhuma coisa mais importante do que ela[108]; é promessa do Deus que é Ele próprio a unidade[109].

Levado por seu temperamento e ensinado pela experiência pastoral, Santo Inácio combaterá vigorosamente o falso irenismo. A verdade é a verdade: "Exorto-vos, pois, – não eu, mas o amor de Jesus Cristo: Servi-vos tão somente de

---

106. Mag 1,2.
107. Tral 8,2; 13,2; Fil 2,1; 7,2.
108. Pol 1,2.
109. Tral 11,2.

alimento cristão, abstende-vos de planta estranha, isto é, de heresia"[110].

A questão é séria, tão séria que dela depende a herança do Reino de Deus, pois Ele nos julgará pela doutrina e não somente pelos atos morais. Mais. Cristo morreu pela verdade. Afastar-se dela equivaleria a separar-se da Paixão do Cristo: "se alguém seguir a um cismático, não herdará o Reino de Deus; se alguém se guiar por doutrina alheia não se conforma com a Paixão de Cristo"[111].

b) Reconquista da Unidade

O próprio Espírito de Deus indicara a Inácio que a separação se fazia na comunidade dos filadélfios. Imaginavam eles que houvera denúncia e o santo os desmente[112].

---

110. Tral 6,1.
111. Fil 3,3.
112. Fil 7,2.

A luta pela reconquista da unidade deve empolgar a todos, melhor, é um dever de todos[113]. Já que Deus não mora onde houver desunião e ira; já que o perdão está prometido aos que voltarem à unidade, podemos confiar na graça de Jesus Cristo, pois Ele livrará de toda a cadeia[114].

O que importa realmente é levarem todos uma vida segundo Jesus Cristo, pertencerem também a Deus e voltarem à unidade da Igreja. É esta a grande conversão, em favor da qual rezam todos os que são propriedade de Deus e de Jesus Cristo e se encontram unidos ao Bispo[115].

Por estes textos, aliás incisivos e alguns grandiosos, verificamos que o ecumenismo no sentido hodierno era difícil de conceber-se, diante da intransigência de uns, da confusão de outros e do desinteresse de terceiros. Nem os judaizantes, nem os gnósticos, nem tampouco os

---

113. Fil 8,1.
114. Fil 8,1.
115. Fil 3,2.

docetas encontravam o termo da unidade, que é Jesus Cristo, Deus e Homem.

6. Assistência e promoção

Sabemos da posição desesperadora das viúvas, dos órfãos e dos prisioneiros na antiguidade. Já os Profetas da Antiga Lei consideraram como ato de justiça proporcionar aos deserdados da fortuna a participação nos bens da comunidade. O cristianismo assumiu como coração e centro de suas preocupações ocupar-se dos pobres, pois constituem a lembrança mais viva do Senhor, que sofreu e curou os que sofrem. Durante séculos, tornou-se o cristianismo a esperança única daqueles que estavam sós na vida. O próprio sacrifício eucarístico era convite para a oferta contínua da comunidade em favor dos que não encontravam arrimo na própria família.

Nesse sentido é muito característica a exortação de Inácio ao jovem colega Policarpo: "as viúvas não fiquem desatendidas; depois do Senhor, providencia tu por elas"[116]. À comunidade do mesmo Policarpo, isto é, aos esmirnenses, ele dirá que é esta a nota a distingui-los daqueles que "se opõem ao pensamento de Deus": "não lhes importa o dever de caridade, nem fazem caso da viúva e do órfão, nem do oprimido, nem do prisioneiro ou do liberto, nem do que padece de fome ou sede"[117].

Poderíamos já nesta época falar de promoção humana? Na realidade, para Inácio, só "será homem" aquele que chega a receber a luz pura, isto é, aquele que chega até Deus[118].

Duas regras áureas devem ser lembradas como herança de Inácio aos tempos novos: a primeira ele a exprime desta forma: "promove a todos, como o Senhor te promove"[119]. Logo, se

---

116. Pol 4,1.
117. Esm 6,2.
118. Roman 6,2.
119. Pol 1,2.

Deus nos fez subir na existência, teremos que fazer subir a todos que de nós dependem. O dom de Deus não termina na pessoa, mas se canaliza através da pessoa até aqueles que dependem dela.

O segundo princípio da pastoral de promoção humana encontrou uma formulação surpreendente e digna de meditação: "nem toda ferida se cura com o mesmo emplastro. Crises violentas acalmam-se com compressas úmidas"[120]. O velho mestre Inácio não só demonstra experiência pastoral, mas igualmente grande respeito diante da pessoa humana, suas necessidades e suas potencialidades. À base deste princípio, a assistência jamais se transformará em assistencialismo e a promoção humana encontra abertas as veredas para a ação mais profícua e duradoura.

---

120. Pol 2,1.

TEXTO DAS CARTAS

Efésios

Magnésios

Tralianos

Romanos

Filadélfios

Esmirnenses

São Policarpo

Carta de Santo Inácio aos Efésios[1]

Inácio, também chamado Teóforo[2], àquela que é bendita em grandeza na plenitude de Deus

---

1. Na administração civil, a cidade de Éfeso, situada na desembocadura do Rio Caistros, na Ásia Menor (cf. o Mapa), assumira importância mundial na antiguidade. Desde 133 a.C., era centro da Província romana da Ásia e sede do procônsul. Papel de maior relevância ainda desempenhou Éfeso no desenvolvimento do Cristianismo em seus primórdios: – São Paulo demorou-se nela mais de três anos (At 19) e enfrentou todo o entusiasmo da população pela deusa Ártemis, pela magia e superstição. Antiquíssima tradição também nos fala da presença do apóstolo (presbítero?) São João em Éfeso e mesmo da morte de Nossa Senhora naquela cidade. A mensagem do Apocalipse (2,1-11) ao Anjo (Bispo) de Éfeso deve ser quase contemporânea à Carta de Santo Inácio. Até o Concílio de 431, data em que a cidade ouviu proclamado o dogma da maternidade de Maria, ela jamais desapareceu do cenário da grande História da Igreja. Hoje, seu nome é *Selçuk,* e as escavações, iniciadas em meados do século XIX, acordam tradições e vivências preciosas aos olhos dos cristãos. A Carta aos efésios, a mais longa de todas as Cartas de Santo Inácio, faz parte dos importantes legados da comunidade de Éfeso aos nossos tempos.

2. Teóforo significa portador de Deus. Santo Inácio apresenta-se com esse título no início de todas as Epís-

Pai[3], predestinada antes dos séculos a existir em todo o tempo, unida para uma glória imperecível e imutável, e eleita na Paixão verdadeira[4], pela vontade do Pai e de Jesus Cristo nosso Deus – à Igreja[5] digna de bem-aventurança, que vive em

---

tolas. Mas não parece nome próprio, antes programa de vida, pois no cap. 9,2 lembra aos efésios que também eles são "portadores de Deus e portadores de Cristo". É, portanto, esse o programa comum dos batizados.

3. Cf. Ef 3,19.

4. Inácio já se preocupa em afirmar a historicidade de Cristo contra uma corrente, que então, como hoje, pouco valor dá aos fatos da vida de Jesus.

A Paixão não é mito, nem aparência (heresia dos docetas), mas o preço verdadeiro com que Cristo resgatou Seu Povo, Sua Igreja. Em todas as Cartas, Inácio afirma e reafirma que Jesus foi de fato homem e sofreu.

Há necessidade para tal insistência, porque a mentalidade grega está viciada com oito séculos de literatura essencialmente mitológica. O Cristianismo não é ficção, nem filosofia, mas vida real.

5. O termo Igreja, que na antiguidade significava tanto assembleia representativa, como assembleia plena, reunião de todos os cidadãos de uma cidade, significa em Santo Inácio a Igreja particular e a Igreja universal, a comunidade de uma cidade, e a comunidade de todos

Éfeso da Ásia, todos os bens em Jesus Cristo e os cumprimentos numa alegria impoluta.

1. [1] Tomei conhecimento em Deus de vosso nome tão apreciado[6], que granjeastes por uma apresentação correta, baseada na fé e caridade em Jesus Cristo nosso Salvador. Sendo imitadores de Deus[7], reanimados no sangue de Deus[8], levastes a termo a obra que vos é congênita. [2] Assim ouvindo que eu vinha da Síria, preso pelo Nome[9] e pela esperança de que nos são comuns, confiando

---

que aderem a Cristo. Santo Inácio aliás será o primeiro a usar o epíteto "católica" (Esm 8,2).

6. Bem possível que Inácio faça alusão ao nome Éfeso – éfesis – que se traduz por aspiração, desejo. Vivem os efésios aspirando a uma vida sempre melhor. Por isso a obra cristã lhes é "congênita". Nasceram predestinados.

7. Ef 5,1.

8. Cf. At 20,28.

9. O "Nome", termo que designará sempre Jesus. Modo a um tempo respeitoso e entusiasta de proclamar a adesão total. Mas pode igualmente se considerar uma reminiscência judia: Jesus, sendo Deus, é inefável.

chegar até Roma para combater as feras, graças à vossa oração, a fim de ter a felicidade de tornar-me discípulo, vós vos apressastes em ver-me. [3]Recebi, pois, toda a vossa grande comunidade em nome de Deus na pessoa de Onésimo, dotado de indizível caridade e vosso bispo segundo a carne[10]. Peço-vos que o ameis em Jesus Cristo[11] e que a Ele todos vos assemelheis. Bendito Aquele que vos fez a graça, já que vos mostrastes dignos de possuirdes tal bispo.

2. [1] Quanto a Burrus, meu companheiro de serviço[12] e vosso diácono bendito em todas as coisas segundo o coração de Deus, pediria que continue a meu lado para honra vossa e de vosso bispo. Mas também Crocos, digno de Deus e de vós, a quem acolhi como prova de vosso amor, confortou-me ele de toda a sorte, como também

---

10. O Bispo, segundo o Espírito, continuará a ser Jesus.

11. Cf. Rm 15,5.

12. Cf. Cl 1,7; 4,7.

o Pai de Jesus Cristo lhe há de dar conforto[13] junto com Onésimo, Burrus, Euplos e Fronton, pois em suas pessoas vi a todos vós na caridade[14]. [2] Gostaria de merecer a graça de alegrar-me convosco em tudo.[15] Bem, por isso é que convém glorificar de toda sorte a Jesus Cristo que vos tem glorificado[16], para que, reunidos em uma só submissão, sujeitos ao bispo e ao presbitério[17], vos santifiqueis em todas as coisas.

3. [1] Não vos dou ordens como se fora alguém. Mesmo que carregue os grilhões pelo

---

13. Cf. 2Tm 1,16.

14. A delegação dos efésios que vem confortar o mártir Inácio em Esmirna se compõe, pois, do Bispo Onésimo, do Diácono Burrus e dos leigos Crocos, Euplos e Fronton, todos representantes da comunidade.

15. Cf. Fm 20.

16. Cf. Jo 17,10.22.

17. Presbitério, termo consagrado na antiguidade e hoje reavivado pelo Concílio, designa os padres reunidos em torno do bispo, como sinal de unidade e símbolo do Colégio dos Apóstolos em torno de Cristo. Cf. também 1Tm 4,14.

Nome[18], ainda não cheguei à perfeição em Jesus Cristo[19]. Pois agora é que começo a instruir-me e vos falo como a meus condiscípulos. Eu de fato deveria ser ungido[20] por vós com fé, exortações, paciência, grandeza d'alma. ² Mas, desde que a caridade não me permite calar-me sobre vós, tomei a dianteira de exortar-vos a correr de acordo com o pensamento de Deus. Pois Jesus Cristo, nossa vida[21] inseparável, é o pensamento do Pai, como por sua vez os bispos, estabelecidos até os confins da terra, estão no pensamento de Jesus Cristo.

---

18. Cf. nota 9.

19. Cf. Fl 3,12.

20. Duas imagens que se completam, a da instrução e a da unção; Inácio é discípulo de Cristo e gostaria de recomeçar com os efésios a sua formação mais perfeita; é ungido porque todo o lutador que entra no anfiteatro o é para a luta. Inácio se vê entrar na arena como atleta para ser martirizado. Sua disposição será toda baseada em motivações superiores e no auxílio espiritual.

21. Cf. Jo 3,36; 14,6; 20,31; Fl 1,21; Cl 3,4.

4. [1] Segue daí, que vos convém avançar junto, de acordo com o pensamento do bispo, como aliás fazeis. Pois vosso presbitério digno de tão boa reputação, digno que é de Deus, sintoniza com o bispo como cordas com a cítara[22]. Por isso, no acorde de vossos sentimentos e em vossa caridade harmoniosa, Jesus Cristo é que é cantado. [2] Mas também, um por um, chegais a formar um coro, para cantardes juntos em harmonia; acertando o tom de Deus na unidade, cantais em uníssono por Jesus ao Pai, a fim de que vos escute e reconheça pelas vossas boas obras, que sois membros[23] de seu Filho. Vale assim a pena viver em unidade intangível, para que a toda hora também participeis de Deus.

5. [1] Pois, se em tão curto lapso de tempo tive tal intimidade com vosso bispo, não em sentido humano, mas espiritual, quanto mais devo

---

22. Cf. Fil 1,2. Todo o cap. 4 parece acordar em Santo Inácio a lembrança das celebrações litúrgicas.
23. Cf. Fm 12,4s.; 1Cor 6,15; 12,12-27; Ef 5,30.

felicitar-vos por estardes tão profundamente ligados a ele como a Igreja a Jesus Cristo e como Jesus Cristo ao Pai, para que todas as coisas estejam em sintonia na unidade. [2] Não se iluda ninguém[24]. Se não se encontrar no interior do recinto do altar[25], ver-se-á privado do pão de Deus[26]. Vede, se a oração de um e dois possui tal força[27], quanto mais então a do bispo e de toda a Igreja! [3] Aquele que não vem à reunião comum[28] já se revela como orgulhoso e se julgou a si próprio, pois está estrito: "Deus se opõe aos orgulhosos"[29]. Por conseguinte, cuidemo-nos de

---

24. Cf. Mt 24,4; Mc 13,5; Lc 21,8; 1Cor 6,9; 15,33s.; Gl 6,7.

25. O Altar levará a comunidade à união mais profunda. Faltar à celebração eucarística significa excluir-se do pão eucarístico, da verdadeira oração e dos sentimentos fraternais.

26. Jo 6,33.

27. Cf. Mt 18,19s.

28. Cf. At 1,15; 2,1; 1Cor 11,20; 14,23.

29. Pr 3,34; Tg 4,6; lPd 5,5.

não nos opormos ao bispo, para estarmos submissos a Deus.

6. [1] E quanto mais alguém percebe que o bispo se cala, mais o respeite. Pois aquele a quem o dono da casa delega para a administração[30] é preciso que o recebamos como receberíamos ao que o enviou[31]. Torna-se, pois, evidente que se deve olhar para o bispo, como para o próprio Senhor[32]. [2] De fato, porém, o mesmo Onésimo exalta vossa boa disciplina em Deus, dizendo que viveis todos conforme à verdade e que entre vós não há heresia que chegue

---

30. Cf. Lc 12,42.

31. Cf. Mt 10,40; Jo 13,20.

32. Santo Inácio dá aqui a definição do Bispo como Apóstolo, o *Sheliah:* o apóstolo é o outro eu daquele que o enviou, cf. J. Colson, *Les Fonctions Ecclésiales,* Desclée de Brouwer, 1956, p. 11. Mas provavelmente deseja também justificar uma deficiência do Bispo que talvez não possua a eloquência que os fiéis desejariam nas celebrações litúrgicas: Também Deus não fala muito. Cf. também Mt 10,40; 21,33-43; Mc 12,1-2; Lc 20,9-19; Jo 13,20.

a tomar pé[33]. Antes pelo contrário, a ninguém mais prestais ouvido, a não ser a Jesus Cristo, que fala na verdade.

7. [1] Há os que costumam, por um ardil pernicioso, servir-se por toda parte do Nome, mas praticam coisas indignas de Deus. A estes evitareis como a animais selvagens[34]. São realmente cães raivosos, que mordem traiçoeiramente. É preciso precaver-vos de suas mordeduras, difíceis de curar. [2] Um é o médico[35], em carne e espírito[36], gerado e não gerado, aparecendo na carne como Deus, na morte vida verdadeira, tanto de

---

33. Não há heresias em Éfeso, embora alhures elas tomem pé. Louvor sem dúvida, mas, logo em seguida, virá a definição do que é ortodoxia e quais as manhas dos hereges (cap. 7).

34. Cf. Rm 16,17; Tt 3,10; 2Jo 10s.

35. Cf. Mt 9,12; Mc 2,17; Lc 4,23; 5,31.

36. Cristo é homem e Deus. Tema favorito de Inácio contra a heresia mais difundida, o docetismo (cf. a mesma insistência de São João 1,14; 1Jo 4,2; 2Jo 7). Toda a frase parece tirada de um hino litúrgico da Igreja Oriental. Não é só o final que o indica, nem apenas o paralelismo e o ritmo, mas também o conteúdo: as

Maria como de Deus, primeiro capaz de sofrer, depois impassível, Jesus Cristo Senhor Nosso.

8. [1] Que ninguém vos iluda pois[37]. Nem vos deixeis aliás iludir, sendo todo inteiros de Deus. Pois, se nenhuma intriga se armou entre vós, que vos possa atormentar, é sinal de que viveis segundo Deus. Sou vossa vítima e me ofereço em sacrifício por vossa Igreja, efésios, que será celebrada pelos séculos. [2] Os carnais não podem praticar obras espirituais, nem os espirituais obras carnais[38], como nem a fé pratica as obras da infidelidade nem a infidelidade as da fé. Mas também aquilo que praticais, segundo a carne, é espiritual, pois fazeis tudo em Jesus Cristo.

9. [1] Soube de pessoas que por lá passaram, fazendo-se portadoras de más doutrinas[39]: não

---

duas naturezas em Cristo vêm aí expressas em termos de grande alcance.

37. Cf. Ef 5,6.

38. Cf. Jo 3,6; Rm 8,5.8; 1Cor 2,14.

39. Cf. *nota 4* sobre o docetismo.

lhes permitistes espalhá-las entre vós, tapando os ouvidos para não acolher as sementes por eles espalhadas, sabendo que sois pedras do templo do Pai, preparadas para a construção de Deus Pai[40], alçadas para as alturas pela alavanca de Jesus Cristo, alavanca que é a Cruz, servindo-vos do Espírito Santo como de um cabo. Vossa fé por um lado é o guia, enquanto a caridade se transforma em caminho que leva para cima, até Deus. 2 Sois assim todos companheiros de viagem, portadores de Deus[41], portadores de um templo, portadores de Cristo, portadores do que

---

40. Cf. Ef 2,21s.; 1Pd 2,5.

41. Cf. *nota 2* e a ênfase que Inácio dá ao contato do homem com Deus e à alta dignidade do cristão. Mas é certo que ele tira as comparações do culto de Ártemis tão em voga em Éfeso: imagens e objetos da deusa eram carregados por devotos ornados de amuletos e outros enfeites. À simples aspiração humana e às demonstrações exteriores de procissões carregando divindades, contrapõe ele a grande realidade interior do cristão, que leva a vida da graça em si, torna presente o Cristo, e merece, pela inabitação da Trindade, o título de portador de Deus.

é santo, adornados em todos os sentidos com os preceitos de Jesus Cristo. Alegro-me por isso convosco, porque tive a honra de falar-vos através desta carta e de vos felicitar, porque, segundo a nova vida, nada amais senão somente a Deus.

10. [1] Mas também pelos demais homens rezai sem cessar[42]. Pois neles existe esperança de conversão, de chegarem a Deus. Permiti-lhes que se instruam junto a vós por vossas obras. [2] Diante de suas explosões de cólera, vós sereis mansos; diante de sua presunção, sereis humildes; diante de suas blasfêmias, oferecereis orações[43]; diante dos erros deles, manter-vos-eis firmes na fé[44]; diante de sua selvageria, sereis pacíficos, sem procurar imitá-los. [3] Que nos encontrem como irmãos pela bondade. Esforcemo-nos por sermos imitadores do Senhor[45]: quem mais do que Ele

---

42. 1Ts 5,17; cf. 1Tm 2,1.
43. Cf. Mt 5,44.
44. Cl 1,23; cf. Rm 4,20; 1Cor 16,13.
45. 1Ts 1,6.

foi injustiçado? quem mais despojado? quem mais desprestigiado? Assim não seja encontrada entre vós planta alguma do diabo[46], mas que em toda pureza e temperança[47] permaneçais em Jesus Cristo, corporal e espiritualmente.

11. [1] Chegamos aos últimos tempos[48]: resta envergonharmo-nos, temermos a longanimidade de Deus, para que ela não se transforme para nós em condenação. Ou temeremos a ira vindoura[49], ou amaremos a graça presente. Uma das duas. Só o fato de nos encontrarmos em Cristo Jesus nos garantirá entrada[50] para a vida verdadeira.

---

46. Tudo que se separa e destrói. Cf. a parábola em que o Cristo diz que a cizânia "é obra do inimigo" (Mt 13,24-30), "do diabo" (Mt ib. 36-43).

47. 1Tm 5,2; cf. 2,9.15; 4,12.

48. Não necessariamente o "fim do mundo", mas a última fase da História do Povo de Deus, a fase iniciada por Cristo. O trecho todo evoca igualmente a premência do tempo, a atitude escatológica. Cf. 1Cor 7,29; 10,11; 1Jo 2,18.

49. Mt 3,7.

50. Cf. Fl 3,8s.

[2] Fora dele, nada tenha valor para vós. É n'Ele que carrego os grilhões, estas pérolas espirituais. Com elas gostaria de ressuscitar, graças à vossa oração, na qual espero ter sempre parte para compartilhar também a herança dos cristãos de Éfeso, que também sempre estiveram unidos aos apóstolos[51] na força de Jesus Cristo.

12. [1] Sei quem sou e a quem escrevo. Eu, um condenado; vós, os que alcançastes misericórdia. Eu, em perigo; vós, seguros[52]. [2] Vós sois o lugar de trânsito[53] dos que são assumidos para Deus, iniciados nos mistérios[54] com Paulo, o santificado, que

---

51. Estar unido aos apóstolos é garantia de salvação. Os efésios são herdeiros sobretudo dos apóstolos Paulo e João, a quem devem a fé atuante e o amor aos presbíteros.

52. Inácio se crê mais exposto como prisioneiro dos romanos. A possibilidade de fraquejar leva-o a constantes atos de humildade e de confiança na graça. Daí comparações, bem do estilo antigo.

53. Cf. At 18,19ss.; 19,1-20; 20,16-38; 1Cor 15,32.

54. A iniciação ocupava lugar importante nos mistérios antigos. Aqui não há de referir-se apenas ao batismo,

recebeu testemunho, e mereceu chamar-se bem-a-venturado, em cujas pegadas gostaria de encontrar--me na hora de estar com Deus, ele que em todas as cartas[55] de vós se lembra em Cristo Jesus.

13. [1] Cuidai, pois, de reunir-vos com mais frequência, para dar a Deus ação de graças[56] e louvor. Pois, quando vos reunis com frequência, abatem-se as forças de satanás e desfaz-se o malefício, pela vossa união na fé. [2] Nada melhor do que a paz, que aniquila toda guerra de poderes celestes ou terrestres[57].

---

como iniciação nos mistérios cristãos, mas sobretudo à evangelização feita por São Paulo.

55. Em todas as cartas é exagero. Mas cf. 1Cor 15,32; 16,8; 1Tm 1,3; 2Tm l,16ss.; 4,19s.

56. Ação de graças. O termo grego é Eucaristia. E é muito provável que Santo Inácio se refira aqui à celebração eucarística. (Cf. Didaqué 9,1; Justino, *Apol* 1,65). Talvez a expressão "reunir-se" já bastasse para significar a celebração do memorial do Senhor, no qual se cantava o grande hino de ação de graças e louvor. Cf. aqui L. Bouyer, *Eucharistie,* Desclée, 1966, p. 109ss.).

57. "Poderes celestes" são os demônios dos ares. É o que lembra São Paulo em Ef 2,2. Acreditavam os

14. [1] Nada disso constitui novidade, se mantiverdes de modo perfeito em Jesus Cristo a fé e a caridade, que são o começo da vida e seu fim. Pois o começo é a fé e o fim a caridade[58]. Ambas reunidas são Deus, enquanto tudo o mais é consequência para a perfeição humana[59]. [2]Ninguém peca enquanto professa a fé[60], ninguém odeia enquanto possui a caridade. Conhece-se a árvore pelos seus frutos[61]; assim os que professam ser de Cristo serão reconhecidos pelas obras. Pois nesta hora não é de profissão de fé

---

antigos que o mundo havia sido dividido em camadas, dominadas, uma por uma, por forças misteriosas, muitas vezes maléficas. Cristo, reconquistou as diversas camadas, tanto pela descida aos infernos como pela ascensão ao céu.

58. 1Tm 1,5.

59. O termo *Kalokagatia* que traduzimos por perfeição humana expressa o ideal da ética grega. Inácio antepõe a ela a fé e a caridade, como dom de Deus, ou como o próprio Deus.

60. Cf. 1Jo 3,6; 5,18.

61. Mt 12,33; Lc 6,44.

que se trata, mas de nos mantermos na prática da fé até o fim.

15. [1] É melhor calar-se e ser do que falar e não ser. É maravilhoso ensinar, quando se faz o que se diz[62]. Assim, um é o Mestre[63] "que falou e tudo foi feito"[64]; também aquilo que realizou em silêncio é digno do Pai. [2] Quem de fato possui a Palavra de Jesus pode até ouvir-lhe o silêncio; para ser perfeito, para agir pelo que fala e ser reconhecido pelo que cala[65]. [3] Nada escapa ao Senhor; antes, o que é segredo para nós está perto d'Ele. Façamos, pois, tudo como se Ele em nós morasse, para sermos seus templos[66] e Ele nosso Deus em nós[67]. E é essa a realidade; e ela

---

62. Cf. Rm 2,21.

63. Mt 23,8.

64. Cf. Sl 32,9; 148,5; Jo 1,3; 1Cor 8,6; Cl 1,16.

65. Como Jesus na Sua Paixão.

66. Cf. 1Cor 3,16s.; 6,19; 2Cor 6,16; Ef 2,21s.; 3,17.

67. Cf. Ap 21,3.

se manifestará aos nossos olhos, se o amarmos devidamente[68].

16. [1] Não vos iludais, meus irmãos, os corruptores da família[69] não herdarão o Reino de Deus[70]. [2]Pois, se pereceram os que praticavam tais coisas segundo a carne, quanto mais os que perverterem a fé em Deus, ensinando doutrina má, fé pela qual Jesus Cristo foi crucificado? Um tal[71], tornando-se impuro, marchará para o fogo inextinguível[72], como também marchará aquele que o escuta.

---

68. Cf. Jo 14,21.

69. "Não vos iludais" era expressão corrente nos discursos gregos. Os "corruptores da família" devem ser em primeiro lugar os adúlteros, mas também, em sentido bíblico, os que traem a esposa de Deus, isto é, a Igreja, "ensinando doutrina má". Em Lv 20,10, são ameaçados de morte e Inácio recordará tal castigo (cf. Jo 8,5).

70. 1Cor 6,9s.; cf. Ef 5,5.

71. Mc 9,43.

72. Cf. Mt 3,12; Lc 3,17 (Is 66,24).

17. [1] Por isso, recebeu o Senhor unção sobre a cabeça para exalar em favor da Igreja o perfume da incorrupção[73]. Não vos deixeis ungir pelo mau odor da doutrina do príncipe deste mundo[74], de forma que vos leve cativos para longe da vida que vos espera. [2] Por que não nos tornamos prudentes, aceitando o conhecimento de Deus, isto é, Jesus Cristo?[75] Por que morrermos tolamente, desconhecendo o dom que o Senhor nos enviou de verdade?

18. [1] Meu espírito é vítima destinada à Cruz, e ela é escândalo para os incréus; para nós, porém, salvação e vida eterna[76]. Onde se encontra o sábio? Onde o pesquisador? Onde a fama dos assim chamados intelectuais?[77] [2]Pois

---

73. Cristo foi ungido na morte e por ela conquistou para si a Igreja (cf. Mt 26,7; Mc 14,3 e também 2Cor 2,14ss.).

74. Cf Jo 12,31; 14,30; 16,11; 1Cor 2,6.8.

75. Cf Mt 11,27; Jo 14,6s.

76. 1Cor l,23s.18; cf. Gl 5,11.

77. Rm 3,27; 1Cor 1,19-20.

nosso Deus, Jesus Cristo, tomou carne no seio de Maria segundo o plano de Deus[78], sendo de um lado descendente de Davi[79], provindo por outro do Espírito Santo. Nasceu, foi batizado, para purificar a água pela Sua Paixão[80].

19. [1] Permaneceu oculta ao príncipe deste mundo[81] a virgindade de Maria e seu parto, como igualmente a morte do Senhor: três mistérios de grande alcance[82], que se processaram

---

78. Ef 1,10; 3,9.

79. Jo 7,42; Rm 1,3; 2Tm 2,8.

80. Pelo próprio batismo, Jesus *preparou* o valor salvífico da água; mas foi Sua Paixão que lhe deu a eficácia definitiva, pois somos batizados e salvos na morte de Cristo.

81. Jo 12,31; 14,30.

82. O Cap. 19 apresenta linguagem mistérica, assumida do ambiente gnóstico, justamente porque pretende precaver contra o gnosticismo que confundia facilmente elementos cristãos com mitologias orientais. A literatura antiga cristã deu grande ênfase a essa teoria de Inácio que o diabo não ficará ciente da virgindade e do parto virginal de Maria. Seria difícil, no entanto, colocar em pé de igualdade a morte do Senhor, pois teve enorme publicidade e repercussão. A explicação mais plausível

no silêncio de Deus. ² Como então foram eles manifestados aos séculos? Um astro brilhou no céu, mais do que todos os astros[83]; sua luz era inenarrável e sua novidade suscitou estranheza; todas as demais estrelas por sua vez junto com o sol e a lua formaram coro em torno do astro, ele no entanto projetava mais luz do que todos os demais; produziu-se confusão: donde viria a novidade, tão diversa deles próprios? ³ A consequência disso foi que toda a magia[84] se desfez e

---

seria a nosso ver: o valor salvífico da morte foi ocultado ao demônio e os três mistérios revelam o amor íntimo de Deus para conosco. Em três circunstâncias, Inácio fala do silêncio de Deus e de Cristo (Mag 8,2; Efes 15,1s.). O gnosticismo falava do Silêncio de uma força da plenitude. As frases seguintes parecem ritmadas. Talvez reproduzam versos de um hino antigo aos astros; talvez partes de uma poesia cristã feita para combater essa veneração dos astros. (Cf. tb. o escrito apócrifo do Evangelho segundo Tiago 21,2). O sentido é evidente: a estrela de Belém destruiu todo o suposto poder dos astros. Cf. também Rm 16,25; 1Cor 2,6ss.; Ef 3,9s.; Cl 1,26.

83. Cf. Mt 2,2.7.9s.

84. Cf. At 8,9-11.

que desapareceu toda cadeia de maldade; a ignorância se dissipou, o antigo reinado se destruiu, quando Deus apareceu em forma humana, para a novidade da vida eterna[85]; começou a realizar-se o que fora decidido junto a Deus. Desde então tudo se movimentou a um tempo[86], porque se preparava a destruição da morte[87].

20. [1] Se Jesus Cristo, pela vossa oração, tornar-me digno e se for de Sua vontade, num segundo escrito que desejo compor para vós[88], hei de esclarecer o que iniciei, a saber, o plano da salvação[89], em relação ao homem novo, Jesus Cristo, na fé para Ele e no amor para com Ele,

---

85. Rm 6,4.

86. Cf. Rm 8,19-22.

87. O nascimento, vida e morte de Jesus mexeu com toda a natureza, sedenta de redenção e vida. Destruiu-se assim a morte.

88. Não temos conhecimento deste segundo escrito. Provavelmente, Inácio não teve mais tempo de compô-lo, porque sua partida foi antecipada (cf. Pol 8,1).

89. Cf. Ef 3,9; 1,10.

em Sua Paixão e Ressurreição. ² Sobretudo se o Senhor me revelar que todos, em particular e em comum, na graça que procede do Nome, vos reunis na mesma fé e em Jesus Cristo, que descende segundo a carne de Davi[90], filho do homem e filho de Deus[91], para obedecermos ao bispo e ao presbitério numa concórdia indivisível, partindo um mesmo pão[92], que é o remédio da imortalidade, antídoto contra a morte[93], mas vida em Jesus Cristo para sempre.

---

90. Rm 1,3; cf. Jo 7,42; 2Tm 2,8.

91. Numa só Carta, Inácio insiste três vezes sobre o fato de Cristo ser homem e Deus (7,2; 18,2).

92. Cf. At 2,42.46; 20,7.11; 27.35; 1Cor 10,16s.; 11,24.

93. Remédio de imortalidade e antídoto contra a morte era um elixir que a deusa Íris teria inventado. Tanto a magia como o culto dos mistérios, em voga na cidade de Éfeso, lutavam contra a morte com o mesmo desespero como hoje a ciência, só que com outra mentalidade. Inácio apresenta a Eucaristia como única solução para a continuidade da vida sobrenatural. Mas a frase também chega a constituir um resumo de toda a carta e um apelo veemente para a unidade com o bispo e seus presbíteros.

21. [1] Sou preço de resgate para vós[94] e para os que enviastes para honra de Deus a Esmirna, donde também vos escrevo, em sinal de gratidão ao Senhor e como prova de amor a Policarpo como a vós. Lembrai-vos de mim, como também Jesus Cristo se lembra de vós. [2] Rezai pela Igreja da Síria, donde sou levado preso para Roma. Sendo o último dos fiéis de lá[95] fui julgado digno de servir à honra de Deus. Saudações em Deus Pai e em Jesus Cristo, nossa esperança comum[96].

---

94. Cf. 1Jo 3,16.
95. Cf. 1Cor 15,9; Ef 3,8.
96. 1Tm 1,1; cf. Cl 1,27

Carta de Santo Inácio aos Magnésios

Inácio, também chamado Teóforo, envia à Igreja na Magnésia do Meandro[1], que é abençoada na graça de Deus Pai em Cristo Jesus nosso Salvador, saudações e votos de felicidade em Deus Pai e em Jesus Cristo.

1. [1] Tomando conhecimento de vossa caridade bem ordenada segundo Deus, decidi-me, alegre, avançar-vos uma palavra na fé de Jesus Cristo. [2] Honrado com um nome de esplendor divino[2], nos grilhões que carrego, canto as

---

1. A cidade de Magnésia do Meandro ficava a uma distância de aproximadamente 20km de Éfeso. Um pouco mais para o interior. Pela Carta de Santo Inácio, sabemos que não só era centro importante, mas que a comunidade cristã aí crescera e se fortalecera desde sua evangelização, provavelmente por São Paulo, nos anos de 55-57. Cf. o mapa (p. 10).

2. "Nome de esplendor divino", ou mais literalmente "digno de Deus", talvez seja simples circunlóquio para "nome cristão", ou "prisioneiro cristão".

Igrejas nas quais desejo a união da[3] carne e do espírito de Jesus Cristo, que é nossa vida para sempre, a união da fé e da caridade, à qual nada supera, e, para dizer coisa ainda mais sublime, a união de Jesus e do Pai[4]. Nele teremos parte em Deus, se resistirmos a todas as maquinações do príncipe deste mundo[5] e delas nos livrarmos.

2. [1] Uma vez que tive a honra de ver-vos através de Damas, vosso bispo digno de Deus, e dos dignos presbíteros, Basso e Apolônio, e do colega de serviço[6], o Diácono Zócio[7], cuja companhia

---

3. A unidade nas Igrejas deve ser tão íntima quanto é íntima a missão da natureza humana (carne) e divina (espírito) em Cristo.

4. Cf. Jo 17,21ss.

5. Jo 12,31; 14,30; 16,11; 1Cor 2,6.8.

6. Cf. Cl 1,7; 4,7.

7. A delegação, enviada pela comunidade dos magnésios para encontrar-se com Santo Inácio, compunha-se do bispo, de dois presbíteros e de um diácono. Este último talvez pudesse demorar-se mais com o mártir e acompanhá-lo quiçá adiante. Assim se compreende a continuação da frase.

me daria prazer[8], porque está sujeito ao bispo como à graça de Deus e ao presbitério como à Lei de Jesus Cristo...

3. [1] Não vos assentaria bem valer-vos da pouca idade do bispo[9], dispensai-lhe sim, quanto Deus Pai concede, toda prova de respeito. Como soube, também os santos presbíteros não menosprezaram a condição de jovem que nele salta aos olhos, mas se lhe submetem como gente sensata em Deus[10]. Aliás não é a ele que se submetem,

---

8. Cf. Fm 20.

9. São Paulo já endereçara idêntico conselho a Timóteo (1Tm 4,11ss.); Inácio, por sua vez, passa do exemplo humano para as razões da fé: os anciãos de Magnésia acataram bispo tão jovem; eles o fizeram, porque a paternidade do mesmo bispo procede do Pai de Nosso Senhor Jesus Cristo.

O termo "bispo" – epíscopos – significa originariamente "supervisor" e era empregado tanto na administração civil quanto religiosa. O direito de supervisionar, em última instância, pertence ao Pai e Criador de todas as coisas. É o "Bispo de todos", como Inácio dirá numa expressão lapidar, no final desta frase.

10. Cf. 1Cor 4,10.

mas ao Pai de Jesus Cristo, Bispo de todos. [2] Por respeito Àquele que nos elegeu, convém obedecermos sem nenhuma hipocrisia, uma vez que ninguém engana a tal ou tal bispo visível, mas abusa do bispo invisível. É o caso de dizer: não se trata de carne, mas de Deus que conhece o oculto[11].

4. [1] Convém, pois, não se chamar apenas cristão[12] mas o ser também; assim existem pessoas que falam do bispo, mas fazem tudo sem ele. Estes tais não me parecem estar de consciência

---

11. Inácio tira as consequências da doutrina que expôs na frase anterior. Aqui se percebe nitidamente a tendência de Inácio, como aliás de toda a literatura antiga, de globalizar, de considerar tudo na perspectiva da História da Salvação, orientada pelo próprio Deus.

12. Uma vez que o nome "cristão" foi, quanto se sabe dos *Atos dos Apóstolos* 11,26, atribuído pela primeira vez aos adeptos de Cristo em Antioquia, não admira que Santo Inácio, bispo de Antioquia, o empregue. Aliás é o único Padre Apostólico a falar de cristão e cristianismo. Mas o mesmo Inácio lembra que ninguém pode ser cristão, sem estar ligado à hierarquia, sinal da unidade.

boa, porque suas reuniões não são legítimas[13], conforme o mandamento.

5. [1] Pois as coisas chegam a seu desfecho e são duas as que nos antolham, a saber, a morte e a vida[14], e cada qual há de ir para seu lugar próprio[15]. [2] Como existem duas moedas, uma de Deus e outra do mundo[16], e cada qual delas possui sua cunhagem própria, os infiéis possuem a deste mundo, os fiéis porém que se acham na caridade, a de Deus Pai através de Jesus Cristo[17], cuja vida não estará em nós, se não escolhermos

---

13. Trata-se possivelmente de assembleias ou mesmo de "seitas" (cf. Efes 5,2) de batizados, que não se conformam com a Igreja oficial. Mas desta sorte também se excluem das normas ou do mandamento do Senhor, que instituiu a Igreja hierárquica.

14. A lição das "duas vias", uma que leva à vida e outra à morte, constitui velho tema de exortação e celebrizou-se como frontispício da *Didaqué,* primeira obra da literatura pós-apostólica de que tenhamos conhecimento. Cf. tb. Dt 30,15; Ecl 15,17.

15. Cf. Jo 14,2; At 1,25.

16. Cf. Mt 22,19ss.

17. Cf. Hb 1,3.

livremente, por graça d'Ele, morrer, para participarmos de Sua Paixão[18].

6. [1] Uma vez, pois, que nas pessoas acima mencionadas cheguei a ver e a amar pela fé toda a comunidade, exorto: Esforçai-vos por fazer tudo na harmonia de Deus, sob a presidência do bispo em lugar de Deus e dos presbíteros em lugar do colégio dos apóstolos e dos diáconos, particularmente queridos, encarregados do serviço de Jesus Cristo[19], o qual antes dos séculos estava com o Pai e nos últimos tempos se manifestou[20]. [2] Conformando-vos assim todos ao proceder de Deus[21], amai-vos uns aos outros, e ninguém

---

18. Cf. Rm 6,5-11.

19. Cf. Mt 20,28.

20. Cf. Jo 1,1s.; Hb 1,2; 9,26; 1Pd 1,20.

21. Talvez se pudesse até traduzir "conformando-vos todos ao plano de Deus", no sentido de toda a vida na terra não só buscar em Deus seu modelo, mas já o possuir dentro de si, como exigência fundamental de harmonia.

considere o próximo segundo a carne[22], mas amai-vos sempre mutuamente em Jesus Cristo. Nada haja entre vós que possa dividir-vos, mas uni-vos com o bispo e com os presidentes, para constituirdes uma imagem e um ensinamento de imortalidade.

7. [1] Assim como o Senhor nada fez sem o Pai[23], com o qual estava unido, nem pessoalmente, nem através dos apóstolos[24], assim também vós nada haveis de empreender sem o bispo e os presbíteros, nem queirais tentar fazer passar por razoável o que fazeis à parte. Cuidai mesmo de haver, em comum, uma só oração, uma só súplica, uma só mente, uma esperança, na caridade[25], na alegria imperturbável; isto é, Jesus Cristo, a quem nada é preferível. [2] Acorrei todos ao único templo de Deus, ao único

---

22. Cf. Jo 8,15.
23. Cf. Jo 5,19-30; 8,28; 10,30; 12,49.
24. Cf. Jo 5,19.30; 8,28.
25. Cf. Ef 4,4-6.

altar do sacrifício, a um só Jesus Cristo, que saiu de um só Pai, permaneceu Num só e a Ele voltou[26].

8. [1] Não vos deixeis iludir[27] pelas doutrinas heterodoxas, nem pelos velhos mitos sem utilidade[28]. Pois se ainda agora vivemos conforme o judaísmo[29], confessamos não ter recebido a graça. [2] Pois os profetas, tão divinos, viveram segundo Jesus Cristo[30]. Por isso mesmo foram perseguidos[31].

---

26. O cap. sétimo apresenta a mais poderosa síntese do pensamento inaciano sobre a unidade. Cf. tb. Jo 8,42; 13,3; 14,10.12.28; 16,10.27s.; 17,8.

27. 1Cor 6,9; 15,33; Gl 6,7.

28. Cf. 1Tm l,3s.; 4,7; Tt 1,14; 3,9.

29. Os "judaizantes", aqueles que aceitavam o cristianismo apenas como novo colorido de um judaísmo tradicional e não como "a novidade", a "boa-nova", o "fermento novo" etc., deram muito trabalho aos pastores e à Igreja toda dos primeiros quatro séculos. Santo Inácio, como São Paulo, oporá-lhes sempre o Cristo, centro da História, explicação de tudo que precedeu (Profetas) e de tudo o que virá (apóstolos).

30. Rm 15,5.

31. Cf. Mt 5,11s.

Inspiraram-se em Sua graça[32], a fim de que os incrédulos se convencessem plenamente que há um só Deus, a manifestar-se por Jesus Cristo Seu Filho[33], Sua palavra saída do silêncio, que em tudo agradou Àquele que O enviou[34].

9. [1] Assim os que andavam na velha ordem das coisas chegaram à novidade da esperança, não mais observando o sábado, mas vivendo segundo o dia do Senhor[35], no qual nossa vida se

---

32. Cf. 1Pd 1,10s.

33. Cf. Rm 16,26.

34. Cf. Jo 8,29.

35. A observância do domingo e não do sábado distingue os cristãos dos judeus. Será o domingo, *dies Domini* como diz a palavra, o dia do Senhor, pois nele Cristo venceu a morte e ressuscitou para a vida, ou, como diz Inácio, "no qual nossa vida se levantou por Ele e por sua morte". Para os pagãos também era o *dies solis* (que dará o Sunday). Cf. os primeiros textos sobre e celebração do domingo em vez do sábado At 20,7; 1Cor 16,2; Didaqué 14,1; Barnabé 15,9; Justino, 1º Apol. 67,3.

levantou por Ele e por Sua morte, embora alguns o neguem. Mas é por esse mistério que recebemos a fé e por ele é que perseveramos, para sermos de fato discípulos de Jesus Cristo nosso único mestre[36]. [2] Como, pois, poderemos viver sem Ele, a quem mesmo os Profetas, discípulos pelo Espírito, esperavam como Seu mestre? E foi por isso que Ele, em quem esperavam na justiça, os ressuscitou dos mortos, pela Sua presença[37].

10. [1] Não nos façamos, pois, insensíveis à Sua bondade[38]. Pois se Ele imitar nosso proceder, estaremos liquidados. Por isso, tornando-nos discípulos Seus, aprendamos a viver segundo o cristianismo[39]. Pois quem usar outro nome fora

---

36. Cf. Mt 23,8.

37. Pela "descida aos infernos" Jesus libertou os profetas, tirando-os do reino da morte e levando-os para a vida. Toda a argumentação visa corroborar a tese fundamental contra os judaizantes: o maior valor da Antiguidade, os profetas, inspiraram-se em Jesus e receberam a vida por Ele.

38. Cf. Rm 2,4.

39. Cf. nota 12.

desse não é de Deus[40]. [2] Ponde assim de lado o mau fermento, envelhecido e azedado[41], e transformai-vos em novo fermento, que é Jesus Cristo[42]. Seja Ele vosso sal, para ninguém dentre vós se corromper, pois sereis julgados a partir do odor[43]. [3] É absurdo falar de Jesus Cristo e viver como judeu. O cristianismo não depositou sua fé no judaísmo, mas o judaísmo no cristianismo, junto ao qual se reuniram todas as línguas[44] que creram em Deus.

11. [1] Tudo isso, meus amados, vos comunico, não porque tivesse sabido que alguns dentre vós assim procedem, mas, sendo o menor dentre vós, desejo ver-vos alertados, para não vos deixardes prender pelos anzóis da vaidade, mas para vos convencerdes plenamente do nascimento,

---

40. Cf. At 4,12.

41. Cf. 1Cor 5,6.

42. Cf. 1 Cor 5,7s.

43. Cf. Mt 5,13; Mc 9,49s.; Lc 14,34s. (Cl 4,6).

44. Is 66,18; Fl 2,11.

da paixão e da ressurreição que se deu sob Pôncio Pilatos[45]. Tais coisas foram realizadas de verdade e de fato por Jesus Cristo, nossa esperança[46]. E não aconteça a alguém de vós afastar-se dela.

12. [1] Gostaria de alegrar-me convosco em tudo[47], caso o mereça. Pois, mesmo se estou preso, nada sou em comparação com qualquer um de vós que estais soltos. Sei que não vos encheis de orgulho, pois tendes Jesus Cristo em vós. E mais. Se vos louvo, sei que vos confundis, como está escrito: o justo é seu próprio acusador[48].

13. [1] Cuidai, por conseguinte, de permanecer firmes nas doutrinas[49] do Senhor e dos apóstolos,

---

45. Nascimento, paixão e ressurreição de Jesus aparecem aqui como a súmula da fé, o símbolo pelo qual se reconheciam os cristãos. Esses *credos* irão explicitar-se nos próximos séculos. Cf. tb. 1Cor 15,3s.; 1Tm 6,13.

46. 1Tm 1,1; cf. Cl 1,27.

47. Cf. Fm 20.

48. Pr 18,17.

49. O termo grego é *dogma*. No grego clássico, pode ser traduzido por *opinião* ou também por *decisão* e *decreto*. Na era dos padres apostólicos, significa *preceito,*

para que tudo quanto fazeis se encaminhe bem[50] na carne e no espírito, na fé e na caridade, no Filho e no Pai e no Espírito, no começo e no fim[51], em união com vosso bispo muito digno e a coroa espiritual bem trançada de vosso presbitério e com os diáconos segundo o coração de Deus. [2] Sede sujeitos ao bispo, e uns aos outros[52], como Jesus Cristo está sujeito ao Pai, segundo a carne e os apóstolos a Cristo e ao Pai e ao Espírito, para que a união se faça tanto no corpo quanto no espírito.

14. [1] Como sei que estais repletos de Deus, exortei-vos brevemente. Lembrai-vos de mim

---

ensinamento ou *doutrina*. Mais tarde um pouco, será a expressão para designar verdade revelada; hoje, verdade assegurada pelo magistério eclesiástico infalível.

50. Sl 1,3.

51. Inácio resume, neste capítulo, seu pensamento: Deus é começo e fim de tudo. Para chegar a Ele, através da fé e caridade, é preciso permanecer na união com o Bispo, os presbíteros e diáconos. Como a Epístola aos Magnésios insiste na fidelidade à doutrina, o final também não insistirá tanto na Eucaristia quanto nesta unidade de crença, que nos veio de Jesus e dos apóstolos.

52. Cf. Ef 5,21; 1Pd 5,5.

nas vossas orações, para que chegue a Deus, como também da Igreja da Síria da qual não mereço trazer o nome[53]. De fato preciso estar unido convosco na oração e na caridade em Deus, para que a Igreja na Síria mereça receber o orvalho[54] através de vossa Igreja.

15. [1] De Esmirna, donde vos escrevo, saúdam-vos os efésios[55], que como vós se fizeram presentes para a glória de Deus. Animaram-me em tudo, junto com Policarpo, bispo dos esmirnenses. Também as demais Igrejas vos saúdam na honra de Jesus Cristo[56]. Passar bem na concórdia de Deus, possuidores que sois do espírito indiviso que é Jesus Cristo.

---

53. Cf. 1Cor 15,9.

54. Dt 32,2; Pr 19,12.

55. Inácio cita a delegação cristã de Éfeso, de preferência às outras que estão junto a ele, porque a cidade de Magnésia deve a fé aos apóstolos que de Éfeso vieram.

56. Por Jesus Cristo, as Igrejas são honradas por terem sido escolhidas dentre os povos como seu povo.

Carta de Santo Inácio aos Tralianos

Inácio, também chamado Teóforo, à Igreja santa de Trales[1] na Ásia, Igreja amada por Deus, Pai de Jesus Cristo, eleita e digna de Deus, que possui a paz na carne e no espírito pela Paixão de Jesus Cristo, nossa esperança[2] na ressurreição que nos conduzirá a Ele. Saúdo-a em toda a plenitude[3], à maneira dos Apóstolos[4], e lhe transmito os votos da maior felicidade.

1. [1] Convenci-me de vossos sentimentos puros e intocáveis na paciência; vós os tendes

---

1. Trales situa-se a uns 50km da cidade de Éfeso. Dela deve também ter recebido a fé, no tempo em que São Paulo aí se demorava. Pela carta, percebe-se a pujança da comunidade; hoje, só restam vestígios junto à moderna cidade de Aydin (cf. o mapa, p. 10).

2. 1Tm 1,1; cf. Cl 1,27.

3. "Plenitude" do amor cristão.

4. "A maneira dos apóstolos", em suas cartas. Os padres *apostólicos* receberam esse epíteto exatamente porque escrevem à semelhança dos apóstolos: conteúdo, estilo e forma de epístolas.

não apenas para uso, mas por natureza[5], como me esclareceu Políbio, vosso bispo, que compareceu por vontade de Deus e Jesus Cristo, em Esmirna, para regozijar-se desta forma comigo, prisioneiro em Jesus Cristo. Nele, pude assim contemplar toda a vossa comunidade. [2] Tendo, pois, experimentado através dele vossa benevolência segundo Deus, eu O glorifiquei, sabendo-vos imitadores d'Ele[6].

2. [1] Na hora em que vos submeteis ao bispo como a Jesus Cristo, me dais a impressão de não viverdes segundo os homens[7], mas segundo Jesus Cristo[8], que morreu por nós para fugirdes à morte pela confiança na morte d'Ele. [2] É

---

5. Os sentimentos elevados passaram a fazer parte da natureza. São, portanto, autênticos e não apenas verniz cultural, para uso externo. Foi exatamente o que distinguiu o cristianismo da educação sofista dos tempos antigos.

6. Cf. Ef 5,1.

7. Cf. Rm 3,5s.; 1Cor 9,8; Gl 3,15.

8. Cf. Rm 15,5.

mesmo necessário, como aliás é de vosso feitio, nada empreender sem o bispo, mas submeter-vos também ao presbitério como a apóstolos de Jesus Cristo nossa Esperança[9], no qual nos encontraremos se assim nos portarmos[10]. 3 Faz-se igualmente mister que os que são diáconos dos mistérios de Jesus Cristo agradem a todos em tudo[11]. Pois não é de comidas e bebidas que são diáconos[12], mas são servos da Igreja de Deus.

---

9. 1Tm 1,1; cf. Cl 1,27.

10. Cf. Fl 3,8s.

11. Cf. 1Cor 10,33.

12. Pelos Atos dos Apóstolos, cap. 6, sabemos que os diáconos foram instituídos "para servirem às mesas"; no entanto, os mesmos Atos nos fornecem logo a seguir provas evidentes que, desde o início, os diáconos foram "servidores da Palavra de Deus". Santo Inácio indica uma dimensão ainda maior: "são servos da Igreja de Deus". Inácio fala deles em todas as Epístolas, com exceção da Epístola aos Romanos. Mas já é característico para a evolução do diaconato que este venha de perto associado ao bispo. Mais tarde, serão os diáconos muitas vezes sucessores dos bispos e até do papa, como acontecerá com Leão I. Cf. tb. Rm 14,17.

Terão que se precaver, pois, contra as acusações[13], como contra o fogo.

3. [1] Da mesma forma deverão todos respeitar os diáconos como a Jesus Cristo[14], como também ao bispo que é a imagem do Pai, aos presbíteros, porém como ao senado de Deus e ao colégio dos apóstolos. Sem eles, já não se pode falar de Igreja[15]. [2] Estou convencido de que em relação a eles assim procedeis, pois recebi e guardo comigo a prova de vossa caridade na pessoa de vosso bispo: sua mesma presença se constitui num grande ensinamento, sua mansidão é um poder. Suponho que os próprios ateus o respeitem. [3] Por amor vos poupo[16], embora pudesse escrever com mais veemência sobre

---

13. Cf. 1Tm 3,10.

14. Cf. 1Cor 4,1.

15. Sem o Colégio dos Apóstolos não há Igreja; paralelamente, sem bispo e presbitério "já não se pode falar de Igreja".

16. Cf. 2Cor 12,6.

o assunto[17]. Não me atrevi a dar-vos ordens, como se fora apóstolo, pois me encontro na condição de condenado.

4. [1] Chego a pensar muita coisa em Deus, mas me contenho, para não me perder na vanglória[18]. É exatamente nesta hora que mais devo cuidar-me, não dando atenção aos que me exaltam, pois enquanto falam estão a flagelar-me[19]. [2] Amo, é certo, o sofrimento, mas não sei se sou digno dele. Minha impaciência não transparece aos olhos da multidão, a mim é que me tortura

---

17. Sobre as relações com a hierarquia, Inácio promete fazer declarações ainda mais incisivas. Admite-se que o texto primitivo apresente alguma lacuna ou corrupção no versículo 3 deste capítulo: talvez o escritor queira dizer que a Igreja de Trales mereça reprimenda e que ele próprio não queira dá-la por lhe faltar a autoridade incontestе de apóstolo.

18. Cf. 2Cor 12,6.

19. Os elogios que Inácio recebe de toda parte lhe fazem mal. Ainda não é mártir e já o exaltam como tal. E assim o louvor acaba sendo humilhação.

tanto mais[20]. Necessito assim de mansidão, na qual se aniquila o príncipe deste mundo[21].

5. [1] Não saberia eu descrever-vos as coisas do céu? Receio, porém, fazer-vos mal, já que sois ainda crianças[22]. Perdoai-me, se não o faço; não sendo capazes de assimilar, poderíeis sufocar-vos[23]. [2] Pois também eu, embora prisioneiro e capaz de conhecer coisas celestes, mesmo as hierarquias dos anjos e os exércitos dos principados[24], coisas

---

20. Está impaciente por chegar ao martírio e talvez por isso se prejudique a si próprio. Ao orgulho do martírio contrapõe o pedido de mansidão.

21. Jo 12,31; 14,30; 16,11; 1Cor 2,6.8.

22. Cf. 1Cor 3,1-2.

23. Apesar da humildade, Santo Inácio sabe que é um carismático e por isso muito superior aos tralianos em conhecimentos das coisas celestes. Linguagem e atitude bem paulinas e bem frequentes em Santo Inácio.

24. As especulações sobre anjos estavam muito em voga. Hierarquias e principados, expressões técnicas da gnose. Inácio quer mostrar que entende do assunto, mas não é isso que importa para o cristão. Cf. tb. Ef 1,21; 3,10; Cl 2,10.

visíveis e invisíveis[25], nem por isso ainda sou discípulo. Muito nos falta, para que Deus não nos chegue a faltar.

6. [1] Exorto-vos, pois, – não eu, mas o amor de Jesus Cristo[26]: Servi-vos tão somente de alimento cristão, abstende-vos de planta estranha, isto é, de heresia. [2] Misturam Jesus Cristo a si próprios, fazendo passar-se por dignos de fé, como quem ministra droga mortífera junto com vinho e mel, bebida que o ignorante toma com gosto, mas gosto mau, pois é para a morte[27].

7. [1] Cuidai-vos, pois, de tais pessoas. Fá-lo-eis, se não vos orgulhardes e não vos separardes de Jesus Cristo Deus, nem do bispo nem das prescrições dos apóstolos. [2] Quem se encontra

---

25. Cl 1,16.

26. Cf. 1Cor 7,10.

27. A mesma dificuldade pastoral que nos causa hoje qualquer ecletismo ou confusão religiosa – pense por exemplo nos diversos tipos de espiritismo, seu culto e ritos – causavam então as diversas gnoses que "misturavam Jesus Cristo a si próprios".

no interior do santuário[28] é puro; quem se encontra fora do santuário não é puro, isto é, quem pratica alguma coisa sem o bispo, o presbitério e o diácono, este não é puro em sua consciência.

8. [1] Não que tivesse conhecimento de algo assim entre vós; tento sim prevenir-vos como a pessoas queridas[29], prevendo as ciladas do diabo. Adotai, pois, a mansidão e renovai-vos na fé, que é a carne do Senhor, e na caridade, que é o sangue de Jesus Cristo[30]. [2] Ninguém dentre vós tenha algo contra o vizinho. Não deis pretextos aos gentios, para que a comunidade de Deus não seja injuriada por causa de uns poucos

---

28. Da Igreja.

29. Cf. 1Cor 4,14.

30. A comparação é arrojada: dizer que a fé é a carne do Senhor e a caridade o Sangue de Jesus Cristo. O sentido, no entanto, é óbvio: só pela fé e a caridade nos dispomos a aceitar o mistério eucarístico e a participar dele. Desta vez e todas as outras em que é possível supor que numa comparação figure a Eucaristia deve-se admiti-lo. A Eucaristia é a constante de sua mística e de sua atuação em favor da unidade.

insensatos[31]. Pois ai daquele por cuja leviandade meu nome for por alguns blasfemado[32].

9.[1] Mantende-vos surdos na hora em que alguém vos falar de outra coisa do que de Jesus, da descendência de Davi[33], filho de Maria, o qual nasceu de fato, comeu e bebeu, foi de fato perseguido sob Pôncio Pilatos, de fato foi crucificado e morreu à vista dos que estão nos céus, na terra e debaixo da terra[34]. [2] O qual de fato também ressurgiu dos mortos, ressuscitando-0 o próprio Pai[35]. É o mesmo Pai d'Ele que, à Sua semelhança,

---

31. Cf. 2Cor 5,12; 1Tm 5,14.

32. Is 52,5; Rm 2,24; cf. 1Tm 6,1; Tt 2,5.

33. Cf. Jo 7,42; Rm 1,3; 2Tm 2,8.

34. Cf. 1Cor 4,9; Fl 2,10.

35. Quando Inácio afirma que Jesus ressurgiu dos mortos é porque o apresenta como Deus; quando fala que o Pai o ressuscitou é porque insiste em sua humanidade. O evento pascal é tanto obra do Pai quanto do Cristo-homem. Cf. aqui At 2,24; Rm 4,24; 1Cor 15,15; Gl 1,1; Cl 2,12; 1Pd 1,21.

ressuscitará em Cristo Jesus aos que cremos n'Ele; fora d'Ele, não temos vida verdadeira[36].

10. [1] Se, porém, como afirmam alguns que são ateus, isto é, sem fé, Ele só tivesse sofrido aparentemente – eles é que só existem aparentemente[37] – eu por que estou preso, por que peço para combater com as feras?[38] Morro, pois, em vão. Estaria então a mentir contra o Senhor[39].

11. [1] Fugi, pois, destas plantas parasitas, que produzem fruto mortífero. Se alguém provar

---

36. O cap. 9 é o *credo* mais completo que Santo Inácio nos tenha deixado sobre Jesus. Sua profissão de fé, que repousa sobre fatos, é vibrante. Cf. tb. Jo 3,36; 14,6; 20,31; Rm 6,4s.; 8,11; 2Cor 4,14; Fl 1,21; Cl 3,4; 1Ts 4,14.

37. Só possui vida verdadeira, isto é, vida divina, aquele que aceita a fé.

38. Argumento a partir do exemplo dele: Inácio morre porque crê no fato histórico da morte de Cristo e porque deseja imitar esse exemplo do Salvador. Aliás, por séculos, os antigos só achavam perfeita a imitação do Salvador quando ela se estendia igualmente à morte. Logo, só os mártires eram tidos como cristãos perfeitos.

39. Cf. 1Cor 15,15.

delas morre na hora. Não são, pois, eles plantação do Pai[40]. [2] Se o fossem, apareceriam como rebentos da cruz, e seu fruto seria imperecível[41]. Pela Cruz, Ele vos conclama em sua Paixão como Seus membros[42]. Não pode uma cabeça nascer sem membros, uma vez que Deus nos promete a unidade que é Ele próprio[43].

12. [1] Saúdo-vos de Esmirna, em companhia das Igrejas de Deus que estão comigo[44], elas que em todo sentido me confortaram na carne e no espírito. [2] Meus grilhões, que carrego por amor de Jesus Cristo[45] com o pedido de que encontre a Deus, vos conclamam: perseverai em vossa

---

40. Cf Mt 15,13; Jo 15,1; 1Cor 3,9.

41. A figura da "árvore da cruz" aparece aqui pela primeira vez na literatura cristã. Reaparecerá em Esm 1,2.

42. Cf. Rm 12,4s.; 1Cor 6,15; 12,12-27; Ef 5,30.

43. Cf. Jo 17,21ss.

44. Além dos delegados da comunidade de Trales, ainda estão junto a Santo Inácio os de Esmirna, Éfeso e Magnésia.

45. Cf. Ef 4,1; Fm 9.

concórdia e na oração comum! Convém que cada um de vós, e de modo particular os presbíteros, confortem o bispo[46] para a honra do Pai, de Jesus Cristo e dos apóstolos. ³ Desejo que me escuteis com amor, para que com minha carta não me transforme em testemunho contra vós. Rezai também por mim, que preciso de vossa caridade junto à misericórdia de Deus, para tornar-me digno da herança que me toca alcançar, para não ser encontrado indigno de recebê-la[47].

13. ¹ Saúda-vos a caridade dos esmirnenses e efésios. Lembrai-vos em vossas orações da Igreja na Síria[48]: não mereço trazer-lhe o nome[49], pois sou o último dentre eles. ² Passar bem em Jesus Cristo, sujeitando-vos ao bispo como ao

---

46. Cf. 2Tm 1,16.

47. Cf. 1Cor 9,27.

48. Inácio, bispo de Antioquia na Síria, não se esquece de pedir orações por sua Igreja, agora deixada órfã por causa da deportação do bispo e pai.

49. Cf. 1Cor 15,9; Ef 3,8.

mandamento do Senhor[50], e também ao presbitério. Amai-vos mutuamente, um por um, em coração indiviso. ³ Meu espírito por vós se empenha, não apenas agora, também quando com Deus me encontrar. Ainda estou em perigo, mas o Pai é fiel[51], para cumprir em Jesus Cristo o meu e o vosso pedido. Oxalá vos encontreis irrepreensíveis n'Ele!

---

50. Cf. 1Tm 6,14.

51. Cf. Sl 144,13; 1Cor 1,9; 10,13; 2Cor 1,18; 1Ts 5,24; 2Ts 3,3.

Carta de Santo Inácio aos Romanos

Inácio, também chamado Teóforo, à Igreja que recebeu misericórdia pela grandeza do Pai altíssimo e de Jesus Cristo Seu Filho único, Igreja amada e iluminada pela vontade d'Aquele que escolheu todos os seres, isto é, segundo a fé e a caridade de Jesus Cristo nosso Deus[1], ela que também preside na região da terra dos romanos[2], digna de Deus, digna de honra, digna de ser chamada

---

1. "Segundo a fé e a caridade de Jesus Cristo nosso Deus". O sentido mais óbvio seria: a fé e a caridade de Jesus é que prepararam essa situação privilegiada à Igreja de Roma. Outros comentaristas acham que é a fé e a caridade para com Jesus que distingue a comunidade romana. Seria realmente difícil aplicar a Jesus, como Deus, a palavra "fé", caso o termo não venha a significar confiança, o elemento bíblico da aliança.

2. Inácio sempre nomeia a Igreja a quem escreve. Há, todavia, diferença essencial em dizer "que também preside na região da terra dos romanos". Alguns chegam a tirar daí a conclusão de que Inácio queira significar o próprio Império romano. Presidir na região é de fato mais do que ser a Igreja dos romanos ou de Roma. Se a Igreja *preside,* então possui preeminência. É mais do que outras Igrejas. Mas bastaria isso para designar o

bem-aventurada, digna de louvor, digna de êxito, digna de pureza, e que preside à caridade na observância da Lei de Cristo[3] e que leva o nome do

---

primado universal? O termo "romanos" indica também uma restrição.

3. Embora o gênero epistolar na antiguidade se enfeite com louvores excessivos ao nosso gosto, esses seis "dignos", e sobretudo a expressão "que preside à caridade", indicam fenômeno inteiramente novo. Bastaria a explicação de que Santo Inácio precisa conquistar os romanos em cujas mãos estaria a sua sorte? Contra tal explicação alega-se em particular o fato de que o termo *agape,* que traduzimos por *caridade* no texto, mesmo em Santo Inácio possa significar "comunidade de amor", ou Igreja de Cristo. Veja logo a seguir o epíteto "christónomos" que traduzimos pela circunlocução "na observância da Lei de Cristo". Mas é sobretudo o termo "presidir" que ocorreu imediatamente acima e que costuma assumir um significado técnico de "presidência". Como a Igreja é a aliança do Amor e os romanos a ela presidem, não estaríamos exagerando, se disséssemos que o "metropolita" – o termo ainda não existe – Inácio, guia e orientador das comunidades orientais, expresse aqui sua veneração àquela Igreja que preside no território dos romanos. Mas mesmo assim convém lembrar: Inácio não fala do bispo de Roma, menos ainda do papa – título que só aparece no século III e não será, desde logo, exclusivo do sucessor de Pedro. Essa expressão, como a da nota 2, tem merecido as mais

Pai[4]. Saúdo-a também em nome de Jesus Cristo, filho do Pai. Aos que aderem a todos os seus mandamentos segundo a carne e o espírito, inabalavelmente cumulados e confirmados pela graça de Deus, purificados de todo colorido estranho[5], desejo todo o bem e irrepreensível alegria em Cristo Jesus nosso Deus[6].

1. [1] Pela oração, foi-me concedida por Deus a graça de um dia contemplar vossos rostos dignos

---

acaloradas discussões. Sublinhemos-lhe a importância, mas não lhe aumentemos o alcance.

4. Ideia paulina, e também joaneica, de voltar sempre à origem de tudo, ao Pai.

5. Colorido estranho seria sem dúvida a contaminação da fé. Inácio, preocupado como São João com as filosofias que penetram a fé cristã ou dela pretendem servir-se, apresenta a comunidade romana como portadora de doutrina pura.

6. Inácio canta por toda parte o louvor das Igrejas, a ponto de criar a "mística eclesial". Nesta introdução entoa o seu canto de cisne. Constitui ele a abertura mais acertada para a sinfonia dos gestos de amor que se desenvolve ao longo de toda a Epístola.

de Deus[7]. Com insistência havia implorado tal favor. Preso em Cristo Jesus, espero abraçar-vos, se for da vontade d'Ele, que eu mereça chegar ao termo[8]. [2] Deu certo o começo[9]. Oxalá consiga a graça de receber sem impedimento minha herança[10]. É que temo não venha prejudicar-me vossa caridade[11]. Pois a vós é fácil realizar o que pretendeis, enquanto é difícil para mim encontrar-me com Deus, caso vós não me poupeis.

2. [1] Não quero que procureis agradar a homens, mas que agradeis a Deus, como de fato agradais[12]. Nem eu terei jamais igual

---

7. Cf. Rm 1,9-13; 15,22ss.; 32.

8. Ao termo da luta. Alusão clara a São Paulo, Roman 1,9-13; 15,22, que exprimira o mesmo ardor em colher algum fruto na comunidade romana.

9. De ser preso e encaminhado para Roma.

10. O martírio, que não apenas garante a herança eterna, mas a participação no sofrimento de Cristo.

11. Inácio teme que os romanos, por caridade, se esforcem por libertá-lo. Arrancar-lhe-iam a palma do martírio e seria prejuízo.

12. Cf. Gl 1,10; 1Ts 2,4.

oportunidade de chegar a Deus, nem vós, caso calardes, jamais haveis de ligar vosso nome a obra melhor. Pois, se calardes a meu respeito, serei Palavra de Deus; se, porém, amardes minha carne, não passarei de novo a ser senão uma voz[13]. 2 Não queirais favorecer-me, senão deixando imolar-me a Deus[14], enquanto há um altar preparado, para formardes pelo amor um coro em homenagem a Deus e cantardes ao Pai em Jesus Cristo[15], porque Deus se dignou conceder de o bispo da Síria encontrar-se no Ocidente vindo do Oriente. É maravilhoso o ocaso:

---

13. A oposição de *logos,* Palavra de Deus, a *foné,* simples emissão de voz, lembra antítese conhecida na antiguidade. Modo de opor a mais profunda realidade ao simples símbolo, ou quiçá à aparência. Inácio, portanto, não quer um símbolo, mas uma realidade.

14. Cf. Fl 2,17; 2Tm 4,6.

15. Certamente, alusão aos hinos cantados nas celebrações eucarísticas. Tanto as Epístolas do Novo Testamento, como os escritos pós-apostólicos, vêm marcados por alusões a textos litúrgicos e à vivência eucarística: o mártir é a oblação; o estádio em que morre, o altar; os romanos, os celebrantes.

vir do ocaso do mundo em direção a Deus, para levantar-me junto a Ele[16].

3. [1] Jamais tivestes inveja de alguém, instruístes sim a outrem[17]. É meu desejo que guardem sua força as lições que inculcais a vossos discípulos[18]. [2] Pedi em meu favor unicamente a força exterior e interior, a fim de não apenas falar, mas também querer, de não apenas dizer-me cristão[19], mas de me manifestar como tal. Pois, se me manifestar

---

16. Imagem da morte e ressurreição: a vida se põe, para surgir depois como o *sol salutis,* o sol da salvação. Interpretação pascal da morte e vida.

17. Quem sabe, alusão à Epístola de Clemente de Roma, que insiste sobre os malefícios da inveja.

18. Inácio lembra ainda que Clemente enaltecera o martírio, em sua Carta acima mencionada (cap. 5s.), particularmente o de Pedro e Paulo em Roma. Que a comunidade de Roma lhe permita a ele, Inácio, seguir os exemplos romanos.

19. Os Atos, cap. 11,26, lembram que foi em Antioquia que os discípulos de Cristo foram, pela vez primeira, chamados *cristãos.* Santo Inácio, bispo de Antioquia, é o único padre apostólico a usar o termo *cristão,* como também *cristianismo* (Mag 10,13; Roman 3,3; Fil 6,1).

como tal também posso chamar-me assim e ser fiel, na hora em que já não for visível para o mundo. [3] Nenhuma ostentação é boa, pois o nosso Deus, Jesus Cristo, aparece mais desde que está oculto[20] no Pai.[21] O cristianismo não é o resultado da persuasão[22], mas grandeza, justamente quando odiado pelo mundo.

4. [1] Escrevo a todas as Igrejas e insisto junto a todas que morro de boa vontade por Deus, se vós não mo impedirdes. Suplico-vos, não vos transformeis em benevolência inoportuna para mim. Deixai-me ser comida para as feras, pelas quais me é possível encontrar Deus. Sou trigo de Deus e sou moído pelos dentes das feras, para encontrar-me como pão puro de

---

20. Cf. 2Cor 4,18.

21. Inácio repisa a ideia paulina de que o Cristo pneumático atrai maior número de discípulos do que o Cristo histórico, embora volte sempre de novo a defender a historicidade do Cristo e o valor redentor de sua vida humana. Cf. tb. Jo 14,20.28.

22. Cf. 1Cor 2,4s.; Gl 5,8; 1Ts 1,5.

Cristo[23]. ² Acariciai antes as feras, para que se tornem meu túmulo e não deixem sobrar nada de meu corpo, para que na minha morte não me torne peso para ninguém. Então de fato serei discípulo de Jesus Cristo, quando o mundo nem mais vir meu corpo[24]. Implorai a Cristo em meu favor, para que por estes instrumentos me faça vítima de Deus[25]. ³ Não é como Pedro e Paulo[26] que vos ordeno. Eles eram apóstolos,

---

23. Essa passagem, do mais vigoroso e ardente misticismo, tornou-se célebre; a Eucaristia – pão puro – mas igualmente a relação dela com o sacrifício cruento do Cristo. O autor recorda sobretudo o dever de reproduzir o mistério da Cruz e da Eucaristia pela nossa vida e pela nossa morte.

24. Cf. Fl 2,17; 2Tm 4,6.

25. O autor passa de um lirismo quase infantil "acariciai as feras" para a tarefa máxima de todo cristão "faça-me vítima de Deus" (cf. São Paulo aos Fl 2,17; 2Tm 4,6).

26. Passagem de alto valor histórico, pois não só parece atestar a estadia e atividade de Pedro e Paulo em Roma, mas até o martírio deles, porque ambos são evocados num contexto de martírio romano. Difícil fugir a tal conclusão, se considerarmos que Inácio escreve à comunidade de Roma.

eu um condenado; aqueles, livres, e eu até agora escravo[27]. Mas, quando tiver padecido, tornar-me-ei alforriado[28] de Jesus Cristo[29], e ressuscitarei n'Ele, livre. E agora, preso, aprendo a nada desejar.

5. [1] Desde a Síria, venho combatendo com feras[30] até Roma, por terra e por mar, de noite e de dia, preso a dez leopardos, isto é, a um destacamento de soldados, que se tornam piores quando se lhes faz o bem[31]. Por seus maus tratos, porém,

---

27. Cf. 1Cor 9,1.

28. O que para nós hoje é desenvolvimento, para a sociedade antiga era a alforria, a liberdade concedida a escravos. A grande massa era escrava e ser alforriado significava ser alguém. Cf. 1Cor 7,22.

29. 1Cor 7,22.

30. Cf. 1Cor 15,32.

31. Pelos *Digestos,* coletânea de sentenças de grandes juristas, ficamos sabendo que deviam ser levados a Roma somente prisioneiros "célebres pela força ou capacidade, de forma a oferecerem digno espetáculo ao povo romano". Inácio era um deles e por isso mesmo mereceu tão terrível escolta, que ele próprio compara a leopardos.

estou sendo mais instruído, mas nem por isso estou justificado[32]. [2] Oxalá goze destas feras[33] que me estão preparadas[34]; rezo que se encontrem bem-dispostas para mim; hei de instigá-las, para que me devorem depressa, e não aconteça o que aconteceu com outros: que, amedrontadas, me não toquem. Se elas por sua vez não quiserem de boa vontade, eu as forçarei. [3] Perdoai-me: sei o que me convém; começo agora a ser discípulo. Coisa alguma visível e invisível[35] me impeça que encontre a Jesus Cristo. Fogo e cruz, manadas de feras, quebraduras de ossos, esquartejamentos, trituração do corpo todo, os piores flagelos do diabo[36] venham sobre mim, contanto que encontre a Jesus Cristo.

---

32. 1Cor 4,4.

33. Cf. Fm 20.

34. Das feras que são os soldados, passa ele para as feras que o aguardam na arena romana. Amostra de estilo descosido, aliás não a única.

35. Cl 1,16.

36. Os males que o esperam na arena são atribuídos ao *diabo,* mas hão de levá-lo à união com Cristo. Embora o Novo Testamento normalmente já traduza satanás por

6. [1] De nada me valerão os confins do mundo nem os reinos deste século[37]. Maravilhoso é para mim morrer[38] por Jesus Cristo, mais do que reinar até aos confins da terra. A Ele é que procuro, que morreu por nós; quero Aquele que ressuscitou por nossa causa[39]. Aguarda-me o meu nascimento[40]. [2] Perdoai-me, irmãos: não queirais impedir-me de viver, não queirais que eu morra; ao que quer ser de Deus não o presenteeis ao mundo nem o seduzais com a matéria. Permiti que receba luz pura: quando lá chegar serei

---

diabo, o escritor grego no entanto sente ainda o sabor do termo: *diabo* é aquele que desune, forja instrumentos de cisão. Aqui porém o resultado final será o oposto.

37. Cf. Mt 16,26; Mc 8,36; Lc 9,25.

38. Cf. 1Cor 9,15.

39. Cf. 2Cor 5,15.

40. Os cristãos comemoravam a morte dos mártires como seu *dies natalis,* o natalício. Nasciam para a vida eterna como homens perfeitos. Veja o final da frase seguinte. Tão pouca importância parecia ter, em contrapartida, o aniversário do nascimento, que não o descobrimos nem mesmo para os mais célebres dentre os grandes cristãos da Antiguidade.

homem[41]. 3 Permiti que seja imitador do sofrimento de meu Deus[42]. Se alguém o possui dentro de si, há de saber o que quero e se compadecerá de mim, porque conhece o que me impulsiona.

7. 1O príncipe deste século[43] quer arrebatar-me e perverter o pensamento voltado para Deus. Ninguém dos presentes queira auxiliá-lo. Passai antes para o meu lado, isto é, para o de Deus. Não tenhais a Jesus Cristo na boca, para irdes desejar o mundo. 2 Não habite inveja em vosso meio. Nem que eu, em pessoa, vos implorasse, não deveríeis obedecer-me: obedecei antes ao que vos escrevo,

---

41. Cf. Ef 4,13.24.

42. Talvez se resuma nesta frase toda a mística antiga do martírio. Realmente, até ao século IV, não conhecemos um só cristão que tenha sido *venerado* como santo e que não tivesse sido mártir. Se por um lado o batismo e a vida segundo o batismo a todos santificava, por outro só a imitação de Cristo pelo sofrimento era aceita como verdadeira identificação. Mais tarde, a vida religiosa será comparada ao martírio. Já estaremos além do ano de 397 (Martinho de Tours). Cf. tb. Rm 8,17; 1Cor 11,1; Fl 3,10; 1Ts 1,6; 1Pd 2,21.

43. Cf. Jo 12,31; 14,30; 16,11; 1Cor 2,6.8.

pois eu o faço como alguém que vive e anela morrer. Meu amor está crucificado[44] e não há em mim fogo para amar a matéria; pelo contrário, água viva[45], murmurando dentro de mim, falando-me ao interior: Vamos ao Pai![46] [3]Não me agradam comida passageira, nem prazeres desta vida. Quero pão de Deus[47] que é carne de Jesus Cristo[48], da descendência de Davi[49], e como bebida quero o sangue d'Ele[50], que é Amor incorruptível[51].

8. [1] Já não quero viver à maneira de homens. É o que no entanto acontecerá, caso me

---

44. Cf. Gl 5,24; 6,14.

45. Cf. Zc 14,8; Jo 4,10; 7,38.

46. Cf. Jo 14,12.

47. Cf. Jo 6,27.33.

48. Cf. Jo 6,51-56.

49. Jo 7,42; Rm 1,3; 2Tm 2,8.

50. Cf. Jo 6,53-56.

51. Todo o capítulo, feito de antíteses, na maioria assumidas do Evangelho Segundo São João, visa levar os romanos a não impedirem o martírio de Santo Inácio. O final é precioso, pois lembra que a liturgia terrestre é a prelibação da celeste.

apoiardes[52]. Apoiai, para também receberdes apoio. [2] Eu vo-lo peço em poucas palavras[53]: Crede-me, Jesus Cristo, por Sua vez, há de manifestar-vos que digo a verdade, pois é Ele a boca sem mentiras, pela qual o Pai falou a verdade[54]. [3] Rezai por mim, para que chegue até lá. Não vos escrevi segundo a carne, mas segundo o pensamento de Deus. Se sofrer, será por vossa benevolência; se for reprovado, será por causa do vosso ódio[55].

9. [1] Lembrai-vos em vossa oração da Igreja na Síria, a qual, em meu lugar, tem Deus como pastor. Só Jesus Cristo será seu bispo e a vossa caridade[56]. [2] Eu por minha parte me envergo-

---

52. O apoio que a comunidade romana der para livrá-lo da morte será prejudicial. O verdadeiro apoio será aquele que Inácio pedir nas linhas seguintes.

53. Cf. 1Pd 5,12.

54. Cf. Jo 8,44s.55; 14,6; Tt 1,2.

55. Os termos são fortes, mas tirados da linguagem bíblica; ódio é o amor mal orientado ou incompleto.

56. Inácio, que se apresenta como bispo da Igreja da Síria, usa aqui os sinônimos pastor e bispo. Estamos no início da era cristã e o termo bispo ainda muitas vezes é

nho de ser chamado um deles; pois não o mereço em nada, sendo o último dentre eles e um abortivo[57]. Mas, por misericórdia, sou alguém, se chego até Deus. [3] Saúda-vos o meu espírito e a caridade das Igrejas que me receberam em nome de Jesus Cristo[58] e não como simples transeunte. Até mesmo aquelas Igrejas que não se encontravam em meu roteiro, segundo a carne, vieram de todas as cidades ao meu encontro.

10. [1] Escrevo estas coisas a vós de Esmirna, por obséquio dos efésios dignos de serem bem-aventurados[59]. Entre muitos outros, encontra-se

---

empregado no sentido profano e corrente de *supervisor*. Muitos estudiosos quiseram deduzir desta expressão que a comunidade romana era de fato juridicamente responsável pela Igreja que perde o Bispo. Logo, seria reconhecida aqui a sua primazia de jurisdição. Mas Santo Inácio ainda está vivo e crê no afeto colegial. Nada se afirma nem se nega quanto à jurisdição.

57. 1Cor 15,8s.; Ef 3,8.

58. Cf. Mt 10,40ss.

59. É de Éfeso que escreve a carta.

comigo também Crocos[60], nome que me é querido. ² Quanto aos que me precederam da Síria a Roma[61] para a glória de Deus, espero que com eles tenhais travado conhecimento: comunicai-lhes também que estou perto. Todos eles são dignos de Deus e de vós; conviria que os confortásseis em tudo. ³ Esta minha carta data do nono dia das calendas de setembro[62]. Passar bem, até o fim, à espera de Jesus Cristo[63].

---

60. *Crocos* já foi nomeado na Carta aos Efésios (2,1).

61. Os cristãos na antiguidade costumavam informar as Igrejas sobre perseguições e prisões. Deve ter acontecido o mesmo com a prisão de Inácio que tanto alvoroço causou em todo o Oriente. Mensageiros precederam o herói. Não acreditamos que se trate de outros mártires. Inácio não deixaria de celebrá-los.

62. 24 de agosto. É a única indicação de data nas Cartas de Santo Inácio. E assim mesmo não nos revela o ano.

63. A ideia da vinda de Jesus e da perseverança na espera é fundamental para o cristianismo. Resume, além disso, toda a Carta. Cf. tb. 2Ts 3,5.

Carta de Santo Inácio aos Filadélfios

Inácio, também chamado Teóforo, à Igreja de Deus Pai e do Senhor Jesus Cristo de Filadélfia da Ásia[1], que encontrou misericórdia e se fortaleceu na união que vem de Deus, cheia de imperturbável alegria na Paixão de Nosso Senhor e plenamente convencida da Ressurreição d'Ele, em toda misericórdia. Saúdo-a no sangue de Jesus Cristo, pois ela é minha perene e constante alegria, sobretudo se continuarem unidos ao bispo, aos presbíteros e diáconos que estão com ele, instituídos segundo o plano de Jesus

---

1. Filadélfia, da Lídia, fundada na segunda metade do século II a.C., numa região muito fértil, situa-se à margem da estrada movimentada que leva de Sardes a Colossos, a uma distância de menos de 100km de Éfeso (cf. o mapa). Mereceu ela a mensagem da Ap (3,7-13), em que o Santo verdadeiro só tem louvores e promessas a comunicar. Comunidade ardorosa que deve ter sido fundada muito cedo. Inácio lhe escreve de Trôade, nova etapa de sua viagem a Roma.

Cristo, que por Sua própria vontade os fortaleceu no Seu Espírito Santo[2].

1. [1] Sei que não foi por si mesmo, nem por meios humanos, nem tampouco por ambição, mas na caridade de Deus Pai e do Senhor Jesus Cristo[3], que o Bispo obteve a incumbência de estar a serviço[4] da comunidade[5]. Admiro comovido sua bondade, que, calada, mais ressonância encontra que as invencionices dos faladores.

---

2. Logo na introdução da Carta, aparecem os dois temas favoritos de Inácio: a afirmação da morte e ressurreição real do Senhor contra a posição dos *docetas* que negavam a possibilidade do sofrimento real de Jesus; o segundo tema é o da união com o bispo, presbíteros e diáconos.

3. Cf. Gl 1,1.

4. O termo "serviço" – *diaconia,* em grego, servo – *diáconos,* servir – *diaconein* são aplicados a todos os graus da hierarquia, embora o III grau, o do diácono, o tenha conservado no uso cotidiano. Aqui Inácio o aplica ao I grau, ao bispo. O autor insiste ainda que não importa o *modo* com que o bispo foi designado: se por meios humanos (eleição, por exemplo) ou projeção própria, porque a escolha última foi de Jesus e Sua missão tem a raiz no amor de Deus Pai e do Senhor Jesus Cristo.

5. Cf. At 1,17.25.

[2] Harmoniza-se ele com os mandamentos, como a cítara com as cordas[6]. Bem por isso, minha alma lhe engrandece a mente voltada para Deus – pois é virtuosa e perfeita – seu caráter firme e manso, tão do agrado do Deus vivo.

2. [1] Filhos que sois da luz da verdade[7], fugi da cisão e das más doutrinas. Onde estiver o pastor, segui-o, quais ovelhas. [2] Pois muitos lobos, aparentemente dignos de fé[8], apanham, através dos maus prazeres, os atletas de Deus[9]. Se, porém, permanecerdes unidos, não acharão lugar entre vós.

---

6. Cf. Efes 4,1 mais a nota.

7. Ef 5,8.

8. Cf. Mt 7,15; Jo 10,12; At 20,29.

9. Inácio mistura duas imagens, uma da vida pastoril (pastor, ovelha, lobo) e outra das competições esportivas (cf., por exemplo, a exortação de São Paulo aos presbíteros de Éfeso a que ele chama também de bispos, em At 20,28). Cf. tb. Rm 9,16; 1Cor 9,24.26; Gl 2,2; 5,7; Fl 2,16; Hb 12,1.

3. [1] Apartai-vos das ervas daninhas que Jesus Cristo não cultiva, por não serem plantação do Pai[10]. Não que tenha encontrado em vosso meio discórdias, pelo contrário, encontrei um povo purificado[11]. [2] Na verdade, os que são propriedade de Deus e de Jesus Cristo estão com o bispo, e todos os que se converterem e voltarem à unidade da Igreja, pertencerão também a Deus, para terem uma vida segundo Jesus Cristo[12]. [3] Não vos deixeis iludir, meus irmãos[13]. Se alguém seguir a um cismático, não herdará o Reino de Deus[14]; se alguém se guiar por doutrina alheia, não se conforma com a Paixão de Cristo.

---

10. Cf. Mt 15,13; Jo 15,1; 1Cor 3,9; Tral 11,1.

11. Já São João no Ap (3,7-13) rendera homenagem aos filadélfios que mantiveram pura a sua doutrina. O vidente de Patmos, no entanto, previa provações para breve. Os filadélfios devem ter saído delas como povo purificado.

12. Cf. Rm 15,5.

13. Mt 24,4; Mc 13,5; Lc 21,8; 1Cor 15,33; Gl 6,7.

14. 1Cor 6,9-10.

4. [1]Sede solícitos em tomar parte numa só Eucaristia[15], porquanto uma é a carne de Nosso Senhor Jesus Cristo, um o cálice para a união com Seu sangue[16]; um o altar[17], assim como também um é o Bispo, junto com seu presbitério e diáconos, aliás meus colegas de serviço[18]. E isso, para fazerdes segundo Deus o que fizerdes.

5. [1] Meus irmãos, transbordo todo de amor para convosco e em meu júbilo procuro

---

15. A unidade da Igreja, de que fala o capítulo anterior, realiza-se de fato e em profundidade pela Eucaristia. Os hereges celebravam a Eucaristia à parte, enquanto os cristãos a celebravam unidos ao bispo, presbíteros e diáconos. Como as comunidades eram pequenas, era de fato o bispo – em casos raros, seu delegado – que presidia à celebração da missa.

16. Cf. 1Cor 10,16s.

17. "Um o altar" significa em primeiro lugar a identidade da celebração; mas também o fato de nas assembleias haver uma só mesa eucarística. Só após o século VI, começam a multiplicar-se os altares no mesmo santuário. O Oriente conservou sempre o costume de um altar único; hoje, voltamos à mesma praxe no Ocidente.

18. Cf. Cl 1,7; 4,7.

confortar-vos. Não eu, mas Jesus Cristo. Estando preso em Seu nome, temo tanto mais achar-me ainda imperfeito[19]. No entanto, vossa prece me aperfeiçoará para Deus, com o intuito de conseguir a herança na qual obtive misericórdia, buscando refúgio no Evangelho, como na carne de Jesus[20], e nos apóstolos como no presbitério[21] da Igreja. [2] Amemos igualmente os profetas por terem também eles anunciado o Evangelho, terem esperado n'Ele e O terem aguardado. Foram salvos por Lhe terem dado fé, e, unidos a Jesus Cristo, tornarem-se santos[22]

---

19. Cf. Fl 3,12.

20. O Evangelho nos leva a aceitar que Jesus foi realmente homem; o mesmo Evangelho ainda torna presente o Cristo que subiu ao céu. Evangelho significa para Inácio, em sentido genérico, boa-nova; em especial, a Encarnação e Paixão do Senhor.

21. Mais de uma vez, Inácio compara os presbíteros aos apóstolos, enquanto dizemos hoje que os bispos são os sucessores dos apóstolos. O sentido no entanto também aqui é evidente: os enviados (apóstolos) do bispo (o bispo é Jesus, na comparação de Inácio) são os presbíteros.

22. Cf. Mt 27,52.

dignos do nosso amor e admiração, aprovados pelo testemunho de Jesus Cristo, sendo enumerados no Evangelho da comum esperança[23].

6. [1]Se no entanto alguém vier com interpretações judaizantes, não lhe deis ouvido. É melhor ouvir doutrina cristã dos lábios de um homem circuncidado[24] do que a judaica de um não circuncidado[25]. Se porém ambos não falarem de Jesus Cristo, tenho-os em conta de colunas sepulcrais e mesmo de sepulcros[26], sobre os quais estão escritos apenas nomes de homens. [2]Fugi, pois, das artimanhas e tramoias

---

23. Por medo dos judaizantes – cristãos, malconvertidos do judaísmo – corriam as comunidades cristãs o perigo de não valorizarem suficientemente o Antigo Testamento. Inácio prova a unidade da revelação que converge toda ela para Cristo, e, por Ele, recebe a eficácia redentora.

24. Judeu.

25. Pagãos, convertidos ao cristianismo, faziam-se de interessantes, involuindo para o judaísmo.

26. Alusão, quem sabe, aos "sepulcros caiados" (Mt 23,27), mas certamente à mania de cada um ter seu epitáfio e assim celebrizar-se por um monumentozinho.

do príncipe deste século[27], para que não venhais a esmorecer no amor, atribulados pela sagacidade dele. Todos vós, porém, uni-vos num só coração indiviso. [3] Agradeço a Deus, porque gozo de consciência tranquila a vosso respeito e porque não há motivo de ninguém se gloriar, nem oculta nem publicamente, por lhe ter sido eu um peso em coisa pequena ou grande[28]. Faço votos que todos a quem falei assimilem minhas palavras, não porém em testemunho contra si mesmos[29].

7. [1] Alguns desejaram de fato enganar-me segundo a carne[30], mas o Espírito, que é de Deus, não se deixa, enganar, pois Ele sabe donde vem

---

27. Cf. Jo 12,31; 14,30; 16,11; 1Cor 2,6.8.

28. Cf. At 20,33-35; 2Cor 11,9; 12,13-16; 1Ts 2,7.9.

29. Que, ouvindo, não queiram entender.

30. Apresentando-se como membros da Igreja, enquanto não o eram em seu íntimo, alguns favoreciam a discórdia.

e para onde vai[31] e revela os segredos[32]. Clamei, quando estive entre vós, e o disse alto e bom som, na voz de Deus: "Apegai-vos ao bispo, ao presbitério e aos diáconos!"[33] [2]Alguns desconfiaram que eu assim falava, porque sabia da separação de diversos deles. No entanto, é-me testemunha Aquele, por quem estou preso, que por intermédio de homem carnal não vim a saber coisa alguma[34]. O Espírito é que mo anunciou: Nada façais sem o Bispo! Guardai vosso corpo como templo de Deus![35] Amai a união! Fugi das discórdias! Tornai-vos imitadores de Jesus Cristo, como Ele o é do Pai![36]

---

31. Jo 3,8; 8,14.

32. Cf. 1Cor 14,24s.; Ef 5,12s.

33. É a regra de ouro, o princípio geral, que Inácio proclamará por toda parte, considerando-se, neste ponto, intérprete de Deus.

34. Inácio se defende: jamais deu ouvido a fofocas. Cf. tb. Mt 16,17; 1Cor 2,10; 14,1.

35. 1Cor 3,16; 6,19; 2Cor 6,16.

36. Neste código de preceitos, anunciado em tom profético, o segundo – "guardai o vosso corpo" – parece

8. [1] Eu por minha parte cumpri o meu dever, agindo como homem destinado a unir. Deus não mora onde houver desunião e ira. A todos porém que se converterem perdoa o Senhor, se voltarem à unidade de Deus e ao senado[37] do Bispo. Confio na graça de Jesus Cristo, pois Ele livrará de toda cadeia[38]. [2] Exorto-vos a nada

---

deslocado, porque na tradição cristã se refere à castidade e não se vê bem como colocá-lo no contexto. Quer-nos parecer que Inácio em todas as cinco exclamações vise a unidade. Dizia ele na frase anterior que "pelo homem carnal nada soubera", mas sabia-o como "templo de Deus", onde se propaga o apelo de Deus em favor da unidade. Da mesma sorte, a última frase – "tornai-vos imitadores de Jesus Cristo" – não é apenas a regra de ouro de toda a vida cristã, mas também o apelo mais profundo à unidade: tudo volta à união com o Pai. Assim como o Bispo é o sinal visível, o Pai será o começo e o termo invisível. Cf. tb. 1Cor 11,1.

37. Senado do Bispo: os presbíteros todos formam o conselho dos anciãos em torno do bispo, à semelhança do Senado. O Motu proprio *Ecclesiae Sanctae,* de 1966, reintroduziu o termo *Senado do Bispo* (nº 15), aplicando-o porém a um grupo representativo do Clero, enquanto Inácio parece aplicá-lo ao presbitério todo.

38. Cf. Is 58,6 (Mc 7,35).

praticar em espírito de dissenção[39], mas sim em conformidade com os ensinamentos de Cristo. É que ouvi alguns dizerem: "Se não o encontro nos documentos antigos, não dou fé ao Evangelho". Dizendo eu a eles "Está escrito", responderam-me: "É o que se deve provar!"[40] Para mim, documentos antigos são Jesus Cristo; para mim, documentos invioláveis constituem a Sua Cruz, Sua Morte, Sua Ressurreição, como

---

39. Fl 2,3.

40. Os judaizantes, com quem Inácio manteve a discussão aqui relatada, apelam sempre para o Antigo Testamento como texto único de revelação divina. Parecem aceitar o Novo Testamento só enquanto estiver explicitamente confirmado pelo Antigo. Embora toda a primeira geração cristã tenha feito o esforço contínuo de provar que a doutrina cristã não só não "se opunha ao que estava escrito", mas até era o cumprimento da Lei e dos profetas, percebe-se em Inácio toda a impaciência dos cristãos de romperem com a obstinação judaica e se declararem por Cristo, Sua Morte e Ressurreição, como sendo eles a nova Escritura, "os novos documentos invioláveis". No fundo, Inácio está cansado de discussões judaizantes e exige adesão direta e total a Cristo, no qual tudo o mais se explica.

também a Fé que nos vem d'Ele! Nisso é que desejo, por vossa oração, ser justificado.

9. [1] Embora fossem honrados também os sacerdotes[41], coisa melhor porém é o Sumo-sacerdote[42], responsável pelo santo dos santos, pois só a Ele foram confiados os mistérios de Deus[43]. É Ele a porta para o Pai[44], pela qual entram Abraão, Isaac e Jacó, os profetas, os apóstolos e a Igreja[45]. Tudo isso leva à unidade de Deus[46]. [2] O Evangelho contém porém algo de mais sublime, a saber, a vinda do Salvador e Senhor nosso Jesus Cristo, a Sua Paixão e Ressurreição[47]. A respeito

---

41. Da Antiga Lei.

42. Jesus Cristo.

43. Aqui transparece a argumentação da Epístola aos Hebreus 3,1; 5,1-10; 7,11-28 etc.

44. Cf. Jo 10,7-9.

45. Cf. Jo 14,6.

46. Em Cristo, não apenas se unem os dois Testamentos, mas o Povo de Deus em toda a sua marcha na História ao encontro do Pai.

47. Convém anotar que Santo Inácio não só apresenta o mistério pascal como essência do Evangelho, mas

d'Ele vaticinaram os queridos profetas. O Evangelho constitui mesmo a consumação da imortalidade. Tudo se reveste de grande importância, se confiardes no Amor[48].

10. [1] Recebi notícia, que graças à oração e à participação íntima que cultivais em Jesus Cristo[49], a Igreja de Antioquia na Síria recobrou a paz[50]. Convém portanto que vós, como Igreja de

---

insiste igualmente na vinda, na historicidade, de Jesus. A segunda geração cristã se apercebeu quanto era importante realçar os fatos da vida, para que o mistério pascal, ele próprio, não fosse considerado como cena mitológica.

48. Inácio nota quanto é delicado o tema que analisa: a oposição aos judaizantes, que consideram o cristianismo apenas como acréscimo ao judaísmo, não deverá levar a diminuir o valor dos profetas. Cristo é a medida de tudo. Nem o termo "profetas", nem o termo "Evangelho" devem ser tomados em sentido literal; indicam eles o Amor, que inspirou toda a revelação de Deus e se consumou no Evangelho.

49. Cf. Fl 1,8.

50. Provavelmente, a prisão do bispo de Antioquia acalmou os inimigos da Igreja que não mais insistiram na perseguição. As notícias de paz eram recentes. Nas

Deus, escolhais um diácono para presidir uma embaixada de Deus àquela cidade, e congratular-se com eles, por estarem unidos pelos mesmos vínculos, e glorificar o Nome[51]. [2] Felicito em Jesus Cristo aquele que for achado digno deste ministério; também vós tereis a vossa glória. Se o quiserdes, isso não vos será impossível para a glória de Deus, pois que lambem as Igrejas mais vizinhas mandaram ou bispos, ou presbíteros e diáconos.

11. [1] A respeito de Fílon, diácono da Cilícia, posso informar: é homem de prestígio, que ainda agora me serve no ministério da Palavra de Deus, juntamente com Reos Agátopos, outro homem de consideração, que me acompanha

---

quatro Cartas escritas em Esmirna, Inácio ainda revelara inquietação por sua comunidade da Síria, agora, em Trôade já recebeu notícias melhores e pede que a comunidade de Filadélfia envie embaixada a Antioquia para congratular-se com os cristãos de lá pela paz alcançada. Aqui se vê quanto uma comunidade cristã participa da sorte de todas as outras.

51. De Jesus Cristo.

desde a Síria, com desprezo da própria vida[52]. Também eles dão testemunho de vós. Da mesma forma eu agradeço a Deus por vós, porque os recebestes, como o Senhor vos recebeu. Aqueles que lhes faltaram de respeito encontrem o perdão pela graça de Deus. 2 Saúda-vos a caridade[53] dos irmãos de Trôade, donde também vos escrevo por intermédio de Burrus que, a pedido dos efésios e esmirnenses, me acompanha, como penhor de honra. O Senhor Jesus Cristo honrá-los--á, pois n'Ele esperam com corpo, alma, espírito, fé, amor e concórdia. Adeus em Jesus Cristo, esperança comum de nós todos[54].

---

52. Acompanhar ou seguir a um preso da categoria de Inácio constituía sério perigo de vida.

53. A caridade dos irmãos – ágape – significa a comunidade cristã.

54. 1Tm 1,1; cf. Cl 1,27.

Carta de Santo Inácio aos Esmirnenses

Inácio, também chamado Teóforo, à Igreja de Deus Pai e de Jesus Cristo amado[1], Igreja que encontrou misericórdia em todo dom da graça[2], repleta de fé e amor, sem que lhe falte dom algum[3], agradabilíssima a Deus e portadora de santidade[4], situada em Esmirna, na Ásia[5] – cordiais

---

1. Cf. Mt 12,18; Ef 1,6.

2. Cf. Ef 1,6s.

3. Cf. 1Cor 1,7.

4. No início da frase, Inácio se diz Teóforo – portador de Deus – e aqui se refere à comunidade de Esmirna como portadora do que é santo. Santo ou santidade talvez signifique os dons da graça e os atos de virtude, uma espécie de resumo de todos os predicados tão generosamente atribuídos aos esmirnenses.

5. Esmirna, cidade situada a uns 50km ao norte de Éfeso (cf. mapa). Santo Inácio lembra-se de Esmirna com saudade e gratidão, pois lá fora recebido com imenso carinho; lá escrevera quatro Cartas a outras Comunidades depois de se entreter com as delegações delas; lá chegara a conhecer e admirar um jovem bispo, Policarpo, destinado a ser herói e mártir como ele, e sua comunidade destemida. A posição histórica de Esmirna é inconfundível. Desde o ano de 300 a.C., desenvolve-se

saudações em espírito irrepreensível e na Palavra de Deus.

1. [1] Glorifico a Jesus Cristo, Deus, que vos fez tão sábios. Cheguei a saber efetivamente que estais aparelhados com fé inabalável, como que pregados de corpo e alma na Cruz do Senhor Jesus Cristo[6], confirmados na caridade no Sangue de Cristo, cheios de fé em Nosso Senhor, que é de fato[7] da linhagem de Davi, segundo a carne[8], Filho de Deus, porém consoante a

---

como porto movimentado e grande centro de comércio da Ásia Menor. Talvez São Paulo tenha criado aí a primeira comunidade cristã. A Carta do Apocalipse (2,8-11) talvez seja dirigida ao mesmo Bispo Policarpo, anunciando-lhe não só a tribulação, mas também a vitória.

6. Cf. Gl 2,19.

7. Neste capítulo e no seguinte, Inácio repete cinco vezes o advérbio *alethos* que traduzimos por *de fato*. A veracidade do fato histórico precisa ser aceita contra a tendência *docetista* que o minimiza, a ponto de falar de vida, morte e ressurreição *aparente*. É a velha preocupação de desmitizar os Evangelhos, como se diz hoje.

8. Rm 1,3-4; cf. Jo 7,42; 2Tm 2,8.

vontade e o poder de Deus[9], de fato nascido de uma Virgem e batizado por João, a fim de que se cumpra n'Ele toda a justiça[10]. [2] Sob Pôncio Pilatos[11] e o tetrarca Herodes[12] foi também de fato pregado (na Cruz), em carne, por nossa causa – fruto pelo qual temos a vida, pela Sua Paixão bendita em Deus – a fim de que Ele por Sua ressurreição levantasse Seu sinal para os séculos[13], em benefício de Seus santos fiéis, tanto judeus como gentios, no único corpo de Sua Igreja[14].

2. [1]Tudo isso padeceu por nossa causa, para obtermos a salvação. Padeceu de fato, como também de fato ressuscitou a Si próprio[15], não

---

9. Cf. Lc 1,35; Jo 1,13.

10. Mt 3,15.

11. Cf. 1Tm 6,13.

12. Cf. Lc 23,7-12; At 4,27.

13. Is 5,26; 11,12.

14. As expressões desta frase lembram os formulários da fé. Compare-as com Mag 11 e Tral 9. Cf. tb. Ef 1,22s.; 2,16; 4,4; Cl 1,18-24; 3,15.

15. Cf. Jo 2,19; 10,17s.

padecendo só aparentemente, como afirmam alguns infiéis. Eles é que só vivem aparentemente, e, conforme pensam, também lhes sucederá: não terão corpo e se assemelharão aos demônios[16].

3. [1] Eu porém sei e dou fé que Ele, mesmo depois da ressurreição, permanece em Sua carne. [2] Quando se apresentou também aos companheiros de Pedro, disse-lhes: Tocai em mim, apalpai-me e vede que não sou espírito sem corpo. De pronto n'Ele tocaram e creram, entrando em contato com Seu Corpo e com Seu espírito. Por isso, desprezaram também a morte e a ela se sobrepuseram[17]. [3]

---

16. Os docetas não aceitam nem a realidade do corpo de Jesus e nem sua verdadeira ressurreição. Por isso, Inácio lhes prediz, como castigo, uma vida futura igual à dos demônios incorpóreos. Na primeira era cristã, após os Evangelhos, ressurreição dos corpos e bem-aventurança se cobriam. Pouco ou nada se diz da participação do corpo nos castigos, embora as Escrituras a atestassem (cf. Jo 5,29). Sobre concepção helenística e concepção bíblica da ressurreição, cf. J. Ratzinger, *Einführung in das Christentum,* Kösel, 1968, p. 290ss.

17. Compare o texto com Lc 24,39 e Jo 20,20 e 27. Nem um nem outro episódio conservado nestes textos

Após a ressurreição, comeu e bebeu com eles[18], como alguém que tem corpo, ainda que estivesse unido espiritualmente ao Pai[19].

4. [1] Encareço tais verdades junto a vós, caríssimos, embora saiba que também vós assim pensais. Quero prevenir-vos contra os animais ferozes em forma humana. Não só não deveis recebê-los, mas, quanto possível, não vos encontreis com eles[20]. Só haveis de rezar por eles,

---

inspirados concorda exatamente com o aqui relatado. Orígenes já imaginara que o querigma de Pedro fosse a fonte desta passagem de Inácio, enquanto São Jerônimo apelava para o Evangelho aos Hebreus. O trecho é por isso mesmo sumamente importante, embora as citações antigas – que eram feitas de memória, por causa do difícil manuseio dos pergaminhos – nem sempre devam ser analisadas com tanta minúcia.

18. Cf. Jo 21,5.12; At 10,41.

19. Cf. Jo 10,30.

20. A posição radical em relação aos hereges será confirmada novamente no cap. 7,2 e encontra sua explicação em Efes 7,1: os hereges são astuciosos demais, capazes de envolver os cristãos, gente simples, e prejudicá-los. Aliás, os textos inspirados haviam usado idêntica severidade. Cf. 2Jo 10s.; Tt 3,10; Rm 16,17.

para que, quem sabe, se convertam, coisa por certo difícil. Sobre eles no entanto tem poder Jesus Cristo[21], nossa verdadeira vida[22]. 2 Pois, se nosso Senhor só realizou as obras na aparência, então também eu estou preso só aparentemente. Por que então me entreguei a mim mesmo, à morte, ao fogo, à espada, às feras?[23] Mas estar perto da espada é estar perto de Deus; encontrar-se em meio às feras é encontrar-se junto a Deus, unicamente porém quando em nome de Jesus Cristo. Para padecer junto com Ele[24], tudo suporto[25], confortado por Ele, que se tornou perfeito homem[26].

Todavia os "animais ferozes" correm por conta do temperamento de Inácio.

21. Cf. Mt 9,6; Mc 2,10; Lc 5,24.

22. Cf. Jo 3,36; 14,6; 20,31; Fl 1,21; Cl 3,4.

23. Cf. 1Cor 15,12-34.32.

24. Cf. Rm 8,17.

25. Cf. Fl 4,12s.

26. E não apenas "homem na aparência", como afirmam os docetas.

5. [1] Alguns O negam, por ignorância, ou melhor, foram renegados por Ele[27], por serem antes advogados da morte do que da verdade. A estes não conseguiram converter as profecias, nem a Lei de Moisés, nem mesmo até hoje o Evangelho e as torturas de cada um de nós[28]. [2] Pois sobre nós professam eles a mesma opinião[29]. De que me vale um homem – ainda que me louve – se blasfema contra meu Senhor, não confessando que Ele assumiu carne?[30] Quem não o professa negou-O por completo e carrega consigo seu cadáver[31]. [3] Os nomes deles, uma vez que são infiéis, não me pareceu necessário

---

27. Cf. 2Tm 2,12.

28. A perseguição de Trajano sacrificou ainda outros cristãos. Cf. J. Daniélou, em *Nova História da Igreja,* Vozes, I, p. 105s.

29. A saber, que nos contentamos com as aparências.

30. Se não aceitarem que a Paixão do Cristo foi real, tiram ao martírio cristão todo sentido, embora louvem a coragem do bispo de Antioquia.

31. Já que não acredita na verdadeira vida pela ressurreição real.

escrevê-los; preferiria até nem lembrar-me deles, enquanto se não converterem à Paixão, que é a nossa Ressurreição.

6. [1] Ninguém se iluda[32]: mesmo os poderes celestes e a glória dos anjos, até os arcontes[33] visíveis e invisíveis[34] hão de sentir o juízo, caso não creram no sangue de Cristo[35]. Compreenda-o quem for capaz de o compreender[36]. Ninguém se ufane de sua posição, pois o essencial é a fé e o amor, e nada se lhes prefira. [2] Considerai bem como se opõem ao pensamento de Deus os que

---

32. Cf. 1Cor 6,9; 15,33; Gl 6,7 (Mt 24,4; Mc 13,5; Lc 21,8).

33. Arcontes eram magistrados atenienses – embora outras cidades também adotassem o título – e funcionavam em número de 9. Os dois primeiros, o epônimo e o arconte-rei, exerciam funções sociorreligiosas. Daí a facilidade de passar dos arcontes visíveis para os invisíveis; todo o poder está sujeito ao primogênito das criaturas, ao Cristo.

34. Cf. Ef 1,21; 3,10; Cl 1,16; 2,10.

35. Cf. Cl 1,20.

36. Mt 19,12.

se prendem a doutrinas heterodoxas a respeito da graça de Jesus Cristo, vinda a nós[37]: Não lhes importa o dever de caridade, nem fazem caso da viúva e do órfão[38], nem do oprimido, nem do prisioneiro ou do liberto, nem do que padece fome ou sede.

7. [1] Abstêm-se eles da Eucaristia e da oração, porque não reconhecem que a Eucaristia é a carne de nosso Salvador Jesus Cristo, carne que padeceu por nossos pecados e que o Pai, em Sua bondade, ressuscitou. Os que recusam o dom de Deus[39] morrem disputando. Ser-lhes-ia bem mais útil praticarem a caridade[40], para também ressuscitarem. [2] Convém, pois, manter-se longe

---

37. Todo erro doutrinário tem consequências morais. Os docetas, que negam a realidade do corpo de Cristo, acabam por fugir à justiça e à caridade, menosprezando a Eucaristia e a oração.

38. Cf. Tg 1,27.

39. Jo 4,10; cf. 2Cor 9,15.

40. Alguns críticos tomaram o termo *agapán* como sinônimo de celebrar ágape, Eucaristia. De fato, a Eucaristia, celebrada em união com o Bispo, é penhor

de tais pessoas[41], deixar de falar delas em particular e em público[42], e passar toda a atenção aos Profetas, especialmente ao Evangelho, pelo qual se nos patenteou a Paixão e se consumou a Ressurreição. Fugi das dissensões, fonte de misérias.

8. [1] Sigam todos ao bispo, como Jesus Cristo ao Pai; sigam ao presbitério como aos apóstolos. Acatem os diáconos, como à Lei de Deus. Ninguém faça sem o bispo coisa alguma que diga respeito à Igreja. Por legítima seja tida tão somente a Eucaristia, feita sob a presidência do bispo ou por delegado seu[43]. [2] Onde quer que se apresente o bispo, ali também esteja a comunidade, assim como a presença de Cristo Jesus

---

da ressurreição. Preferimos no entanto nossa tradução, porque na frase anterior se falou de disputas.

41. Cf. Rm 16,17; Tt 3,10; 2Jo 10s.

42. Cf. acima a nota 20.

43. Como Jesus é o enviado, apóstolo, do Pai, assim o bispo é o enviado – o outro Eu – de Jesus. Nada na Igreja se poderá fazer independentemente do bispo. Como a Eucaristia é o centro da vida eclesial, será ela presidida pelo bispo ou delegado seu.

também nos assegura a presença da Igreja Católica[44]. Sem o bispo, não é permitido nem batizar nem celebrar o ágape[45]. Tudo porém o que ele aprovar será também agradável a Deus, para que tudo quanto se fizer seja seguro e legítimo[46].

9. [1] No mais, é razoável voltarmos ao bom-senso, e convertermo-nos a Deus, enquanto

---

44. Encontramos aqui, pela primeira vez na História, a expressão "Igreja Católica": o bispo é a cabeça da Igreja particular e é ele que nos garante a presença de Cristo, cabeça da Igreja Universal. O termo "católico" (*kathólou* – significava já no grego clássico, "de maneira geral", "no total", "em sentido universal") aqui é empregado como nota distintiva da Igreja de Cristo, exatamente para distingui-la das facções heréticas ou cismáticas. O bispo está subordinado a Cristo e quem dele se separa, separa-se do Cristo e deixa de participar de Sua comunidade universal.

45. "Ágape" seria sinônimo de Eucaristia ou seria o termo que designa a confraternização pela ceia, ceia que culminava aliás com a celebração eucarística (cf. 1Cor 11,17ss.)? Dada a ênfase de Inácio sobre a espiritualidade batismal e eucarística, eu optaria pela celebração ritual. Mas ambos os sentidos parecem enquadrar-se perfeitamente no texto.

46. Cf. Hb 6,19.

ainda for tempo[47]. Bom é tomarmos conhecimento de Deus e do bispo. Quem honra o bispo será também honrado por Deus; quem faz algo às ocultas do bispo presta culto ao diabo. ² Que tudo redunde em graça a vosso favor, pois bem o mereceis. Vós me confortastes de toda maneira e Jesus Cristo a vós. As provas de carinho me seguiram, presente estivesse eu ou ausente. Que Deus seja a paga, por cujo amor tudo suportais, pelo que também haveis de chegar a possuí-lo.

10. ¹ Fizestes bem em receber, como diáconos de Cristo-Deus, a Fílon e Reos Agátopos[48], que pela causa de Deus me seguiram. Agradecem eles ao Senhor por vós, porque os confortastes de toda a sorte. Nada disso se perderá para vós. ² Dou-vos como preço de resgate[49] meu espírito e minhas al-

---

47. Cf. Gl 6,1.
48. Os diáconos Fílon e Réos Agátopos são mencionados no final da Carta aos Filadélfios (11,1), também de Trôade.
49. A verdadeira caridade leva a dar vida pelos amigos (cf. 1Jo 3,16). O termo grego *antipsychon* é muito

gemas que vós não desprezastes e de que também não vos envergonhastes[50]. Jesus Cristo também de vós não se envergonhará[51], Ele que é a fé[52] perfeita[53].

11. [1] Vossa oração aproveitou à Igreja de Antioquia na Síria, de onde vim preso com grilhões, tão do agrado de Deus, e donde a todos saúdo, embora não seja digno de ser de lá, eu, o menor dentre eles[54]. Mas, pela vontade de Deus, fui tido por digno, não pelo julgamento de minha consciência, mas sim pela graça de Deus. Desejo que ela me seja concedida em sua perfeição, a fim de que eu, por meio de vossa oração,

---

expressivo: "vida contra vida", dar em troca a vida, salvá-la.

50. Cf. 2Tm 1,16.

51. Cf. Lc 9,26 (Mc 8,38).

52. Alguns manuscritos dão o termo *elpís* em vez de *pístis,* portanto esperança em vez de fé. A hesitação dos copistas e leitores antigos nos leva a concluir que o termo assume todo o significado bíblico e exalta aqui a fidelidade perfeita do Cristo.

53. Cf. 1Cor 1,9; 10,13; 2Cor 1,18; 1Ts 5,24; 2Ts 3,3.

54. Cf. 1Cor 15,9; Ef 3,8.

encontre a Deus. [2] No entanto, para que vossa obra seja perfeita, tanto na terra como no céu, cumpre que a Vossa Igreja, para honra de Deus, escolha um de seu legado que vá até a Síria, para se congratular com eles, porque gozam novamente de paz, readquiriram sua grandeza e lhes foi restaurado o corpo[55]. [3] É a meu ver de fato obra digna enviardes um legado de vosso meio, com uma carta, a fim de celebrar com eles a paz que lhes foi concedida, consoante a vontade de Deus, pois já chegaram ao porto, graças à vossa oração. Sendo perfeitos, pensai também no que é perfeito[56], pois se tencionais agir bem, Deus está igualmente disposto a vo-lo conceder.

12. [1] Saúda-vos[57] a caridade dos irmãos de Trôade, donde vos escrevo por intermédio de

---

55. "Corpo", sinônimo de Igreja, comparação paulina, mas também expressão corrente para designar um organismo.

56. Cf. Fl 3,15.

57. As saudações desta Carta são mais longas e mais pessoais do que das outras vezes. É que Santo Inácio

Burrus, a quem enviastes juntamente com os efésios, vossos irmãos, para me fazer companhia. Animou-me em todo sentido. Todos deveriam imitá-lo como exemplo no serviço de Deus. A graça o recompensará em todo sentido. [2] Saudações ao bispo, digno de Deus, a vosso presbitério tão agradável a Deus, aos diáconos, meus companheiros de serviço[58], a cada um em particular e a todos em geral, em nome de Jesus Cristo, na Sua carne e no Seu sangue, na Paixão e na Ressurreição, em corpo e alma, na unidade de Deus e na vossa. Para vós a graça, a misericórdia, a paz[59], e a paciência para todo sempre.

13. [1] Saudações às famílias de meus irmãos, com suas esposas e filhos e com as virgens, chamadas viúvas[60]. Passar bem na força do Pai.

---

se demorou em Esmirna e exprime assim sentimentos mais pessoais.

58. Cf. Cl 1,7; 4,7.

59. Cf. 1Tm 1,2; 2Jo 3.

60. "As Virgens chamadas viúvas" desempenham papel importante na Igreja. São inscritas num registro e

Saudações da parte de Fílon que está comigo. [2]
Meus cumprimentos à família de Tavia, a quem
desejo que se robusteça na fé e na caridade, tanto corporal como espiritual. Saudações a Alceu,
nome tão querido, a Dafnos, o incomparável, e
a Eutecno. Enfim, a todos nominalmente. Passar
bem na graça de Deus.

---

nem todas são viúvas (cf. 1Tm 5,3-16). Confiam-se-
-lhes desde cedo as obras de caridade, a evangelização
pelo exemplo e vida; saberemos daqui a pouco que
realizam certas cerimônias no batismo de mulheres. É
instituição nascente. Nas penumbras da História do
século I, confundem-se virgens, viúvas e diaconisas,
"flores do jardim da Igreja", "honra e obra-prima
da graça", "porção mais ilustre do redil de Cristo",
como São Cipriano as chamará daqui a pouco (cf. tb.
J. Daniélou, em *Nova História da Igreja*, VOZES,
1966, I, p. 133s.; 136ss.).

Carta de Santo Inácio a São Policarpo

Inácio, também chamado Teóforo, a Policarpo[1], bispo da Igreja dos esmirnenses, ou antes àquele que tem a Deus Pai e ao Senhor Jesus Cristo como o bispo[2], os melhores votos de felicidades.

1. [1] Dando acolhida a teus sentimentos em Deus, rejubilo-me exaltado, porque eles estão

---

1. Policarpo, neste momento, jovem bispo de Esmirna, hospedara o idoso mártir Inácio em sua trajetória a Roma. Mereceu esta carta pela delicadeza com que tratara o hóspede, mas também pelo modo exemplar com que orientava a comunidade cristã de Esmirna. Discípulo que foi de São João, defenderá um dia a herança dele na questão da data pascal. O martírio de Policarpo – ocorrido ou em 155 ou em 166 – é dos documentos mais célebres e comoventes da Antiguidade.

2. Já foi lembrado que o termo *episcopos* – bispo – ainda é sinônimo de "supervisor". Portanto, Inácio quer dizer que Policarpo exerce o cargo de supervisor – bispo – em direta e total dependência de Jesus Cristo e, por Ele, do Pai. Cf. tb. 1Pd 2,25.

fundados numa rocha inabalável[3] e porque eu fui julgado digno de contemplar teu rosto puro, gozo este que gostaria de perpetuar em Deus[4]. [2] Pela graça de que estás revestido, eu te exorto[5] a acelerar ainda teu passo[6] e a exortar também os outros para que se salvem. Justifica tua posição, empenhando-te todo, física e espiritualmente. Cuida da unidade; nada melhor do que ela[7]. Promove a todos como o Senhor te promove; suporta a todos com amor, como aliás o fazes[8]. [3] Dispõe-te para orações ininterruptas[9]; pede ainda

---

3. Cf. Mt 7,25.

4. Cf. Fm 20.

5. A diferença de idade dá a Inácio o direito de exortar Policarpo. Cf. São Paulo a Timóteo e Tito.

6. Cf. At 13,25; 20,24; 1Cor 9,24; 2Tm 4,7.

7. A unidade, supremo bem de Deus na terra, é preocupação constante de Inácio. Em outras Cartas, exortava os fiéis a permanecerem em comunhão com o bispo; aqui, exorta o pastor a empenhar-se todo na tarefa de unir.

8. Ef 4,2.

9. Cf. 1Cor 7,5; 1Ts 5,17.

maior inteligência do que já tens; sê vigilante, dono de um espírito sempre alertado. Fala a cada qual no estilo de Deus. Vai levando as enfermidades de todos[10] como atleta consumado[11]. Quanto maior o labor, maior o lucro.

2. [1] Se te agradares dos bons discípulos não terás méritos[12]; submete antes com doçura os contaminados[13]. Nem toda ferida se cura com o mesmo emplastro. Crises violentas acalmam-se com compressas úmidas. [2] Faze-te prudente como serpente em todos os assuntos, sempre simples como a pomba[14]. Por isso é que és carnal

---

10. Cf. Is 53,4; Mt 8,17.

11. Normalmente a comparação com o atleta deve incentivar o cristão a uma atitude mais agressiva, aqui a imagem é proposta a um chefe e dele se pede compreensão pelas fraquezas e doenças dos demais lutadores. Cf. tb. 2Tm 2,5.

12. Cf. Lc 6,32.

13. A frase, de enorme alcance pastoral, continua a tirar da medicina os termos de comparação.

14. Mt 10,16.

e espiritual[15], para atraíres a teu rosto o que te aparece ante os olhos. As coisas invisíveis pedem que te sejam reveladas, para que não te chegue a faltar nada[16] e tenhas toda graça em abundância. [3] O tempo atual exige tua presença, para chegares até Deus, assim como os pilotos[17] anelam pelos ventos e os açoitados da tempestade pelo porto. Sê sóbrio como atleta de Deus. O prêmio[18] é a incorruptibilidade[19] e a vida eterna, do que aliás já te convenceste. Em todos os sentidos, somos teu resgate[20], eu e minhas cadeias que te são caras.

---

15. "És carnal e espiritual": Corpo e alma são teus instrumentos, para atraíres ao rebanho e pastoreares os que contigo se encontram.

16. Cf. 1Cor 1,7; Tg l,4s.

17. Normalmente, o bispo é comparado ao piloto do navio. Aqui, no entanto, quer parecer-nos que ele deve assemelhar-se ao vento que impulsiona e ao porto que abriga.

18. *Thema,* palavra grega que traduzimos por *prêmio,* significa a quantia de dinheiro atribuída ao atleta que vence.

19. Cf. 1Cor 9,25.

20. *Antipsychon.* Cf. nota 49 na Carta aos Esmirnenses: damos a vida por ti. Cf. tb. 1Jo 3,16.

3. [1] Aqueles que parecem dignos de fé[21] e no entanto ensinam o erro[22] não te abalem. Mantém-te firme[23] como bigorna sob os golpes. É próprio de um grande atleta receber pancadas e vencer. Não tenhas nenhuma dúvida, temos que suportar tudo pela causa de Deus, para que também Ele nos suporte. [2] Torna-te ainda mais zeloso do que és; aprende a conhecer os tempos[24]. Aguarda o que está acima do oportunismo[25], o atemporal, o invisível que por nossa causa se fez visível, o impalpável, o impassível

---

21. Nem sempre era fácil ao bispo distinguir os verdadeiros *doutores* dos falsos: o ensino era tido como carisma – o melhor dos carismas, na antiguidade, cf. 1Cor 14,19 – mas competia ao bispo controlar os carismas, embora viesse a sofrer com isso.

22. Cf. 1Tm 1,3; 6,3.

23. Cf. 1Cor 7,37.

24. "Os tempos" são os sinais de Deus na História. É preciso que o bispo saiba discerni-los. Cf. Mt 16,3; Lc 12,56; At 1,7.

25. O termo *kairós* é rico de sentido. Normalmente, é empregado como sinal de Deus; aqui, no entanto, exprime alarme falso, oportunismo e cálculo humano.

que por nós se fez passível, o que de todos os modos por nós sofreu![26]

4. [1] Viúvas não fiquem desatendidas[27]; depois do Senhor, providencia tu por elas. Nada se faça sem o teu consentimento; nada faças tu sem Deus; o que aliás não fazes. Sê firme. [2] As

---

26. Inácio elabora seu pensamento à base de termos: uma palavra lhe abre o caminho para longo raciocínio, como também pode levá-lo a comparações novas e surpreendentes. Na hora em que sugere princípios eternos de pedagogia passa a falar do Cristo que tem duas naturezas, a impassível e a sofredora. Os quatro termos *a-chronon* (a-temporal), *a-oraton* (in-visível), *a-pselafeton* (im-palpável), *a-pathe* (im-passível) foram emprestados à linguagem religiosa e filosófica antiga, que se exprime mais facilmente negando limitações (*alfa privativum*) do que encarecendo qualidades.

27. "As viúvas" motivaram constantes reivindicações de profetas na Antiga Lei e incentivaram à caridade os fiéis dos tempos novos. O estatuto legal das mulheres que haviam perdido o marido – cf. 1 Tm 5,5 – foi muito frágil em toda a antiguidade. A comunidade cristã, presidida pelo bispo, era normalmente o único amparo, caso lhes faltasse o apoio dos filhos e netos. Cf. tb. Sl 67,6; 145,9.

reuniões[28] sejam frequentes[29]; procura a todos, um por um. ³ Não trates com sobranceria a escravos e escravas; também eles não se encham de orgulho, mas sirvam com mais dedicação para a glória de Deus, a fim de alcançarem da parte de Deus uma liberdade melhor. Que não se inflamem sabendo que poderiam libertar-se à custa da comunidade, a fim de não acabarem por escravizar-se à cobiça[30].

---

28. "As reuniões" = celebrações eucarísticas.

29. Cf. Hb 10,25.

30. As comunidades se cotizavam para comprar a alforria de escravos quando possível. Mas, uma vez que o cristianismo tomou pé justamente entre o povo humilde, na maioria escravos, corria ele o risco de servir apenas de trampolim para a liberdade. O que importava era conservar a pureza da adesão ao Cristo, em qualquer condição em que se encontrasse o fiel. Todo cálculo de vantagens – cobiça – impedia a liberdade interior. Daí a insistência de Inácio na mesma doutrina de São Paulo (1 Tm 6,1-2; Fm e 1 Cor 7,21-22).

5. [1] Foge às más artes[31], prega[32] antes contra cias. Fala às minhas irmãs, que amem o Senhor e se contentem com os maridos na carne e no espírito. Da mesma forma, recomenda aos meus irmãos em nome de Jesus Cristo que amem suas esposas como o Senhor ama a Igreja[33]. [2] Se alguém é capaz de perseverar na castidade em honra da carne do Senhor, persevere sem orgulho. Caso se orgulhar, está perdido; se ainda for tido como mais do que o bispo[34], está corrompido. Convém aos homens e às senhoras que casam contraírem a união com o consentimento do bispo, a fim de que o casamento se realize segundo

---

31. O cristianismo teve que excluir da vida de seus fiéis certos ofícios de má reputação, como confeccionar estátuas, dedicar-se ao comércio exploratório e outros.

32. A primeira vez que ocorre o termo *homilia* na literatura cristã como sinônimo de pregação.

33. Ef 5,25.29.

34. O bispo não era necessariamente celibatário. Poderia ocorrer que alguém se valesse de sua condição de celibatário carismático para prevalecer contra o bispo. Prova certa de que o carisma não era autêntico.

o Senhor[35] e não conforme a paixão[36]. Tudo se faça para honra de Deus.

6. [1] Atendei[37] ao bispo para que Deus vos atenda. Ofereço-me como resgate[38] daqueles que se sujeitam ao bispo, aos presbíteros e diáconos. Com eles me seja concedido ter parte em Deus. Labutai uns ao lado dos outros, lutai juntos[39],

---

35. Cf. 1Cor 7,39.

36. "Os cristãos se casam como os demais" lê-se na *Ep. a Diogneto,* do século II. Tanto a literatura inspirada quanto a pós-apostólica insistirá exclusivamente na espiritualidade matrimonial, aceitando as formas legais vigentes como ritos de celebração. A expressão de Inácio: *meta gnômes tou episcopou* – com o conhecimento ou consentimento do bispo, mereceu atenção. Pelo contexto, porém, o autor parece insistir no bispo como Pai, Pastor e Moderador em assunto tão importante.

37. A partir deste capítulo, a Carta deixa de dirigir-se ao bispo e passa a ser uma admoestação à comunidade. É porém o reverso da mesma medalha. Cf. para tanto cap. 7,2.

38. Cf. nota 20. Cf. tb. 1Jo 3,16.

39. Cf. Fl 1,27; 4,3.

correi[40], sofrei, dormi, acordai unidos, como administradores de Deus, como Seus assessores e servos[41]. [2] Procurai agradar Àquele sob cujo estandarte combateis[42], de quem igualmente recebeis o soldo. Que não se encontre desertor entre vós. Vosso batismo há de permanecer como escudo, a fé como capacete, o amor como lança, a paciência como armadura[43]. Vossos fundos de reserva[44] são vossas obras, para receberdes um dia os vencimentos devidos. Sede, pois, magnânimos uns com os outros na doçura, como Deus o é convosco. Oxalá possa alegrar-me convosco sempre.

---

40. Cf. Rm 9,16; 1Cor 9,24.26; Gl 2,2; 5,7; Fl 2,16; Hb 12,1.

41. Cf. 1Cor 4,1; 1Pd 4,10; Tt 1,7.

42. Cf. 2Tm 2,4.

43. Cf. Is 11,5; 59,17; Rm 13,12; 2Cor 6,7; 10,4; Ef 6,11-17; 1Ts 5,8.

44. Quantia que o soldado romano era obrigado a depositar. Espécie de fundo de garantia que lhe era reembolsado na hora em que se desligava do exército.

7. [1] Uma vez que a Igreja em Antioquia da Síria goza de paz, como me foi participado, graças a vossas orações, também eu me encorajei mais, pela confiança em Deus; contanto que me encontre com Ele pelo sofrimento e assim no dia da ressurreição possa ser contado como vosso discípulo. [2] Convém, ó Policarpo feliz em Deus, convocar uma reunião agradável a Deus e escolher alguém, tido como especialmente querido e incansável, para poder chamar-se estafeta de Deus; encarregar, pois, a um tal de viajar para a Síria e aí celebrar vossa caridade infatigável para a glória de Deus. [3] Um cristão não tem poder sobre si mesmo, mas está à disposição de Deus. Esta obra é de Deus e vossa, caso a leveis ao fim[45]. Confio na graça, que estejais prontos para uma obra boa que convém a Deus. Conhecendo

---

45. A obra de organizar uma embaixada a Antioquia para celebrar aí a paz, ou seja, o fim das perseguições.

vosso zelo pela verdade, acabei por exortar-vos[46] com essas poucas linhas.

8. [1] Uma vez que não pude escrever a todas as Igrejas, por ter que partir apressadamente de Trôade para Nápoles[47], como manda a vontade de Deus, escreverás às Igrejas mais do Oriente[48], pois que possuis o espírito de Deus, a fim de que elas também façam o mesmo: umas – as que podem – enviando mensageiros, as outras por sua vez cartas através de enviados teus. Assim sereis enaltecidos por uma obra imperecível, como bem o mereces. [2] Saudações a todos nominalmente, também à viúva de Epítropos com toda a família e filhos. Saudações a Átalo meu amigo; saudações àquele que for julgado digno de viajar à Síria. A graça há de estar sempre com ele e com Policarpo que o envia. [3] Faço votos que

---

46. Cf. 1Pd 5,12.

47. Por estas indicações, Inácio nos coloca a par de seu roteiro de Trôade a Roma. Cf. tb. At 16,11.

48. Literalmente que "estão para frente" – talvez na direção de Antioquia.

passeis bem para sempre em nosso Deus Jesus Cristo, no qual haveis de permanecer na união com Deus e o bispo. Saudações a Alceu, que me é tão caro. Passar bem no Senhor.

d'Ele vaticinaram os queridos profetas? O Evangelho constitui mesmo a consumação da imortalidade. Tudo se reveste de grande importância, se confiardes no Amor[49].

10. [50] Recebi notícia, que graças à oração e à participação íntima que cultivais em Jesus Cristo, a igreja de Antioquia na Síria resolveu a paz. Convém portanto que vós, como igreja de

da unidade na Igreja, na humanidade de Jesus. A segunda parte trata-se de apêndice, uma nota importante troca de ideias da vida cristã, o mistério pascal, ele próprio pode ser considerado como uma introdução.

48. Inácio nota que o Evangelho é a norma que analisa a oposição aos judaizantes, que consideram o cristianismo apenas como acréscimo ao judaísmo, não deve levar a diminuir o valor dos profetas. Cristo é a medida de tudo. Nem o termo "profetas", nem o termo "Evangelho" devem ser tomados em sentido literal; indicam eles o Amor, que inspirou toda a revelação de Deus e se consumou no Evangelho.

49. Cf. Fl 1,8.

50. Provavelmente, a prisão do bispo de Antioquia acalmou os inimigos da Igreja que não mais insistiram na perseguição. As notícias de paz eram recentes. Nas

Índices

Escriturístico
Analítico
Sistemático

Índice escriturístico

Antigo Testamento

Levítico

20,10: Efes 16,1, nota 69

Deuteronômio

30,15: Mag 5,1

32,2: Mag 14,1

Salmos

1,3: Mag 13,1

32,9: Efes 15,1

67,6: Pol 4,1

144,13: Tral 13,3

145,9: Pol 4,1

148,5: Efes 15,1

Provérbios

3,34; Efes 5,3

18,17: Mag 12,1

19,12: Mag 14,1

Eclesiástico
15,17: Mag 5,1

Profecia de Isaías
11,5: Pol 6,2
11,12: Esm 1,2
52,5; Tral 8,2
53,4: Pol 1,3
58,6: Fil 8,1
59,17: Pol 6,2
66,18: Mag 10,3
66,24: Efes 16,2

Profecia de Zacarias
14,8: Rm 7,2

Novo Testamento
Evangelho de São Mateus
2,2.7.9s.: Efes 19,2
3,7; Efes 11,1
3,12: Efes 16,2
3,15: Esm 1,1

5,11s.: Mag 8,2

5,13: Mag 11,1

5,44: Efes 10,2

7,15: Fil 2,1

7,25: Pol 1,1

8,17: Pol 1,3

9,6: Esm 4,1

9,12: Efes 7,2

10,16: Pol 1,2

10,40: Efes 6,1

10,40s.: Rm 9,3

11,27: Efes 17,2

12,18: Esm, pról.

12,33: Efes 14,2

13,24-30: Efes 10,3, nota 46

13,36-43: Efes 10,3, nota 46

15,13: Tral 11,1

15,13: Fil 3,1

16,3: Pol 3,2, nota 24

16,17: Fil 7,2

16,26: Roman 6,1

18,19s.: Efes 5,2

19,12: Esm 6,1
20,18: Mag 6,1
21,33-43: Efes 6,1
22,19ss.: Mag 5,2
23,8: Efes 15,1
23,8: Mag 9,1
23,27: Fil 6,1, nota 26
24,4: Efes 5,2
24,4: Fil 3,2
24,4: Esm 6,1
26,7: Efes 17,1, nota 73
27,52: Fil 5,2

Evangelho de São Marcos
2,10: Esm 4,1
2,17: Efes 7,2
7,35: Fil 8,1
8,36: Roman 6,1
8,38: Esm 10,2
9,43: Efes 16,2
9,49s.: Mag 11,1
12,1-2: Efes 6,1

13,5: Efes 5,2
13,5: Fil 3,2
13,5: Esm 6,1
14,3: Efes 17,1, nota 73

Evangelho de São Lucas
1,35: Esm 1,1
3,17: Efes 16,2
4,23: Efes 7,2
5,24: Esm 4,1
5,31 : Efes 7,2
6,32: Pol 2,1
6,44: Efes 14,2
9,25: Roman 6,1
9,26: Esm 10,2
12,42: Efes 6,1
12,56: Pol 3,2, nota 24
14,34s.: Mag 11,1
20,9-19: Efes 6,1
21,8: Efes 5,2
21,8: Fil 3,2
21,8: Esm 6,1

23,7-12: Esm 1,2
24,39: Esm 3,2, nota 17

Evangelho de São João
1,1s.: Mag 6,1
1,3: Efes 15,1
1,13: Esm 1,1
1,14: Efes 7,2, nota 36
2,19: Esm 2,1
3,6: Efes 8,2
3,8: Fil 7,1
3,36: Efes 3,2
3,36: Tral 9,2
3,36: Esm 4,1
4,10: Roman 7,2
4,10: Esm 7,1
5,19: Mag 7,1
5,29: Esm 2,1, nota 16
5,30: Mag 7,1
6,27.33: Roman 7,3
6,33: Efes 5,2
6,51-56: Roman 7,3

6,53-56: Roman 7,3

7,38: Roman 7,2

7,42: Efes 18,2

7,42: Efes 20,2

7,42: Tral 9,1

7,42: Roman 7,3

7,42: Esm 1,1

8,5: Efes 16,1, nota 69

8,14: Fil 7,1

8,15: Mag 6,2

8,28: Mag 7,1

8,29: Mag 8,2

8,42: Mag 7,2

8,44s.55: Roman 8,2

10,7-9: Fil 9,1

10,12: Fil 2,1

10,17s.: Esm 2,1

10,30: Mag 7,1

10,30: Esm 3,3

12,31: Efes 17,1

12,31: Efes 19,1

12,31: Mag 1,2

12,31: Tral 4,2

12,31: Roman 7,1

12,31: Fil 6,2

12,49: Mag 7,1

13,3: Mag 7,2

13,20: Efes 6,1

14,2: Mag 5,1

14,6: Efes 3,2

14,6s.: Efes 17,2

14,6: Tral 9,2

14,6: Roman 8,2

14,6: Fil 9,1

14,6: Esm 4,1

14,10: Mag 7,2

14,12: Mag 7,2

14,12: Roman 7,2

14,20.28: Roman 3,3

14,21: Efes 15,3

14,28: Mag 7,2

14,30: Efes 17,1

14,30: Efes 19,1

14,30: Mag 1,2

14,30: Tral 4,2

14,30: Roman 7,1

14,30: Fil 6,2

15,1: Tral 11,1

15,1: Fil 3,1

16,10: Mag 7,2

16,11: Efes 17,1

16,11: Mag 1,2

16,11: Tral 4,2

16,11: Roman 7,1

16,11: Fil 6,2

16,27s.: Mag 7,2

17,8: Mag 7,2

17,10.22: Efes 2,2

17,21ss.: Mag 1,2

17,21ss.: Tral 11,2

20,20.27: Esm 3,2, nota 17

20,31: Efes 3,2

20,31: Tral 9,2

20,31: Esm 4,1

21,5.12: Esm 3,3

Atos dos Apóstolos

1,7: Pol 3,2, nota 24

1,15: Efes 5,3

1,17.25: Fil 1,1

1,25: Mag 5,1

2,1: Efes 5,3

2,24: Tral 9,2, nota 35

2,42.46: Efes 20,2

4,12: Mag 10,l

4,27: Esm 1,2

6: Tral 2,3, nota 12

8,9.11: Efes 19,3

10,41 : Esm 3,3

11,26: Mag 4,1, nota 12

11,26: Roman 3,2, nota 19

13,25: Pol 1,2

16,11: Pol 8,1

18,19ss.: Efes 12,2, nota 53

19: Efes, nota 1

19,1-20: Efes 12,1, nota 53

20,7: Mag 9,1, nota 35

20,7.11: Efes 20,2

20,16-38: Efes 12,2, nota 53

20,24: Pol 1,2

20,28: Efes 1,1

20,28: Fil 2,2, nota 9

20,29: Fil 2,1

20,33-35: Fil 6,3

27,35: Efes 20,2

Epístola aos Romanos

1,3: Efes 18,2

1,3: Efes 20,2

1,3: Tral 9,1

1,3: Roman 7,3

1,3-4: Esm 1,1

1,9-13: Roman 1,1, nota 8

2,4: Mag 10,1

2,21: Efes 15,1

2,24: Tral 8,2

3,5s.: Tral 2,1

3,27: Efes 18,1

4,24: Tral 9,2, nota 35

6,4: Efes 19,3

6,4s.: Tral 9,2

6,5-11: Mag 5,2

8,5.8: Efes 8,2

8,11: Tral 9,2

8,17: Roman 6,3

8,17: Esm 4,2

8,19-22: Efes 19,3

9,16: Fil 2,1

9,16: Pol 6,1

12,4s.: Efes 4,2

12,4s.; Tral 11,2

13,12: Pol 6,2

14,17: Tral 2,3

15,5: Efes 1,3

15,5: Mag 8,1

15,5: Tral 2,1

15,5: Fil 3,2

15,22ss.32: Roman 1,1, nota 8

15,32: Roman 1,1

16,17:, Esm 4,1, nota 20

16,17: Efes 7,1

12,17: Esm 7,2

16,25: Efes 19,1
16,26: Mag 8,2

1ª Epístola aos Coríntios
1,7: Esm, pról.
1,7: Pol 2,2
1,9: Tral 13,3
1,9: Esm 10,2
1,19: Efes 18,1
1,20: Efes 18,1
1,23s. 18: Efes 18,1
2,4s.: Roman 3,3
2,6ss.: Efes 19,1
2,6.8: Efes 17,1
2,6.8: Mag 1,2
2,6.8: Tral 4,2
2,6.8: Roman 7,1
2,6.8: Fil 6,2
2,10: Fil 7,2
2,14: Efes 8,2
3,9: Tral 11,1
3,9: Fil 3,1

3,12: Tral 5,1
3,16: Fil 7,2
3,16s.: Efes 15,3
4,1: Tral 3,1
4,1; Pol 6,1
4,4: Roman 5,1
4,9: Tral 9,1
4,10: Mag 3,1
4,14: Tral 8,1
5,6: Mag 10,2
5,7s.: Mag 10,2
6,9: Efes 5,2
6,9: Mag 8,1
6,9: Esm 6,1
6,9s.: Efes 16,1
6,9-10: Fil 3,3
6,15: Efes 4,2
6,15: Tral 11,2
6,19: Efes 15,3
6,19: Fil 7,2
7,5: Pol 1,3
7,10: Tral 6,1

7,22: Roman 7,22, nota 28

7,29: Efes 11,1, nota 48

7,37: Pol 3,1

7,39: Pol 5,2

8,6: Efes 15,1

9,1: Roman 4,3

9,8: Tral 2,1

9,15: Roman 6,1

9,24: Pol 1,2

9,24.26: Fil 2,1

9,24-26: Pol 6,1

9,25: Pol 2,3

9,27: Tral 12,3

10,11: Efes 11,1, nota 48

10,13: Tral 13,3

10,13: Esm 10,2

10,16s: Efes 20,2

10,16s.: Fil 4,1

10,33: Tral 2,3

11,1: Roman 6,3

11,1: Fil 7,2

11,17ss.: Esm 8,2, nota 45

11,20: Efes 5,3

11,24: Efes 20,2

12,12-27: Efes 4,2

12,12-27: Tral 11,2

14,1: Fil 7,2

14,19: Pol 1,3, nota 21

14,23: Efes 5,3

14,24s.: Fil 7,1

15,3s.: Mag 11,1

15,8s.: Roman 9,2

15,9: Efes 21,2

15,9: Mag 14,1

15,9: Tral 13,1

15,9: Esm 11,1

1,12-34: Esm 4,2

15,15: Tral 9,2, nota 35

15,32: Efes 12,2, nota 53

15,32: Efes 12,2, nota 55

15,32: Roman 5,1

15,33: Efes 5,2

15,33: Mag 8,1

15,33: Fil 3,2

15,33: Esm 6,1
16,2: Mag 9,1, nota 35
16,8: Efes 12,2, nota 55

2ª Epístola aos Coríntios
1,18: Tral 13,3
1,18: Esm 10,2
2,14ss.: Efes 17,1, nota 73
4,14: Tral 9,2
4,18: Roman 3,3
5,12: Tral 8,2
5,15: Roman 6,1
6,7: Pol 6,2
6,16: Efes 15,3
6,16: Fil 7,2
7,21-22: Pol 4,3, nota 30
9,15: Esm 7,1
10,4: Pol 6,2
11,9: Fil 6,3
12,6: Tral 3,3
12,6: Tral 4,1
12,13-16: Fil 6,3

Epístola aos Gálatas
1,1: Tral 9,2, nota 35
1,1: Fil 1,1
1,10: Roman 2,1
2,2: Fil 2,1
2,2: Pol 6,1
2,19: Esm 1,1
3,15: Tral 2,1
5,7: Fil 2,1
5,7: Pol 6,1
5,8: Roman 3,3
5,11: Efes 18,1
5,24: Roman 7,2
6,1: Esm 9,1
6,7: Efes 5,2
6,7: Mag 8,1
6,7: Fil 3,2
6,7: Esm 6,1
6,14: Roman 7,2

Epístola aos Efésios
1,6s.: Esm, pról.

1,10: Efes 18,2
1,10: Efes 20,1
1,21: Tral 5,2
1,21: Esm 6,1
1,22s.: Esm 1,2
2,2: Efes 13,2, nota 57
2,16: Esm 1,2
2,21s.: Efes 9,1
2,21s.: Efes 15,3
3,8: Efes 21,2
3,8: Tral 13,1
3,8: Roman 9,2
3,8: Esm 11,1
3,9: Efes 18,2
3,9s.: Efes 19,1
3,9: Efes 20,1
3,10: Tral 5,2
3,10: Esm 6,1
3,17: Efes 15,3
3,19: Efes, pról.
4,1: Tral 12,2
4,2: Pol 1,2

4,4: Esm 1,2
4,4-6: Mag 7,1
4,13.24: Roman 6, 2
5,1: Efes 1,1
5,1: Tral 1,2
5,5: Efes 16,1
5,6: Efes 8,1
5,8: Fil 2,1
5,12s.: Fil 7,1
5,21: Mag 13,2
5,25.29: Pol 5,1
5,30: Efes 4,2
5,30: Tral 11,2
6,11-17: Pol 6,2

Epístola aos Filipenses
1,8: Fil 10,1
1,21: Efes 3,2
1,21: Tral 9,2
1,21: Esm 4,1
1,27: Pol 6,1
2,3: Fil 8,2

2,10: Tral 9,1

2,11: Mag 10,3

2,16: Fil 2,1

2,16: Pol 6,1

2,17: Roman 2,2

2,17: Roman 4,2, nota 25

3,8s.: Efes 11,1

3,8s.: Tral 2,2

3,10: Roman 6,3

3,12: Efes 3,1

3,12: Fil 5,1

3,15: Esm 11,3

4,3: Pol 6,1

4,12s.: Esm 4,2

Epístola aos Colossenses

1,7: Efes 2,1

1,7: Mag 2

1,7: Fil 4,1

1,7: Esm 12,2

1,16: Efes 15,1

1,16: Tral 5,2

1,16: Roman 5,3
1,16: Esm 6,1
1,18.24: Esm 1,2
1,20: Esm 6,1
1,23: Efes 10,2
1,26: Efes 19,1
1,27: Efes 21,2
1,27: Mag 11,1
1,27: Tral, pról.
1,27: Tral 2,2
1,27: Fil 5,2
1,27: Fil 11,2
2,10: Tral 5,2
2,10: Esm 6,1
2,12: Tral 9,2, nota 35
3,4: Efes 3,2
3,4: Tral 9,2
3,4: Esm 4,1
3,15: Esm 1,2
4,6: Mag 11,1
4,7: Efes 2,1
4,7: Mag 2,1

4,7: Fil 4,1
4,7: Esm 12,2

1ª Epístola aos Tessalonicenses
1,5: Roman 3,3
1,6: Efes 10,3
1,6: Roman 6,3
2,4: Roman 2,1
2,7.9: Fil 6,3
4,14: Tral 9,2
5,8: Pol 6,2
5,17: Efes 10,1
5,17: Pol 1,3
5,24: Tral 13,3
5,24: Esm 10,2

2ª Epístola aos Tessalonicenses
3,3: Tral 13,3
3,3: Esm 10,2
3,5: Roman 10,3

1ª Epístola a Timóteo
1,1: Efes 21,2

1,1: Mag 11,1

1,1: Tral, pról.

1,1: Tral 2,2

1,1: Fil 5,2

1,1: Fil 11,2

1,2: Esm 12,2

1,3: Efes 12,2, nota 55

1,3s.: Mag 8,1

1,3: Pol 3,1

1,5: Efes 14,1

2,1: Efes 10,1

2,9.15: Efes 10,3

3,10: Tral 3,1

4,7: Mag 8,1

4,11ss.: Mag 3,1, nota 9

4,12: Efes 10,3

4,14: Efes 2,2

5,2: Efes 10,3

5,3-16: Esm 13,1, nota 60

5,5: Pol 4,1, nota 27

5,14: Tral 8,2

6,1: Tral 8,2

6,1-2: Pol 4,3, nota 30

6,3: Pol 3,1

6,13: Mag 11,1

6,13: Esm 1,2

6,14: Tral 13,2

2ª Epístola a Timóteo

1,16: Efes 2,1

1,16: Tral 12,2

1,16: Esm 10,2

l,16ss.: Efes 12,2, nota 55

2,4: Pol 6,2

2,5: Pol 1,3

2,8: Efes 18,2

2,8: Efes 20,2

2,8: Tral 9,1

2,8: Roman 7,3

2,8: Esm 1,1

2,12: Esm 5,1

4,6: Roman 2,2

4,6: Roman 4,2, nota 25

4,7: Pol 1,2

4,19s.: Efes 12,2, nota 55

Epístola a Tifo
1,2: Roman 8,2
1,7: Pol 6,1
1,14: Mag 8,1
2,5: Tral 8,2
3,9: Mag 8,1
3,10: Efes 7,1
3,10: Esm 4,1, nota 20
3,10: Esm 7,2

Epístola a Filêmon
9: Tral 12,2
20: Efes 1,2
20: Mag 2,1
20: Roman 5,2
20: Pol 1,1

Epístola aos Hebreus
1,2: Mag 6,1
1,3: Mag 5,2
3,1: Fil 9,1, nota 43
5,1-10: Fil 9,1, nota 43

6,19: Esm 8,2

7,11-28: Fil 9,1, nota 43

9,26: Mag 6,1

10,25: Pol 4,2

12,1: Fil 2,1

12,1: Pol 6,1

Epístola de Tiago

1,4s.: Pol 2,2

1,27: Esm 6,2

4,6: Efes 5,3

1ª Epístola de São Pedro

1,10s.: Mag 8,2

1,20: Mag 6,1

1,21: Tral 9,2, nota 35

2,4-10: Mag 15,1

2,5: Efes 9,1

2,21: Roman 6,3

2,25: Pol, pról.

4,10: Pol 6,1

5,5: Efes 5,3

5,5: Mag 13,2
5,12: Roman 8,1
5,12: Pol 7,3

1ª Epístola de São João
2,18: Efes 11,1, nota 48
3,6: Efes 14,2
3,16: Efes 21,1
3,16: Esm 10,2, nota 49
3,16: Pol 2,3
3,16: Pol 6,1
4,2: Efes 7,2, nota 36
5,18: Efes 14,2

2ª Epístola de São João
3: Esm 12,2
7: Efes 7,2, nota 36
10s.: Efes 7,1
10s.: Esm 4,1, nota 20
10s.: Esm 7,2

Apocalipse
2,1-11: Efes nota 1
2,8-11: Esm, pról., nota 5

3,7-13: Fil, pról., nota 1
3,7-13: Fil 3, nota 11
21,3: Efes 15,3

Índice analítico

Abraão: Fil 9,1

Ágape: Roman 7,3; Esm 8,2

Alceu: Esm 13,2; Pol 8,3

Altar: Efes 5,2; Mag 7,2; Tral 7,2; Roman 2,2; Fil 4,1

Anjos: Tral 5,2; Esm 6,1

Antigo Testamento, prepara Evangelho – Fil 8,2; 9,2

Antioquia: Fil 10,1; Esm 11,1; Pol 7,1

Apolônio: Mag 2,1

Apóstolos: Efes 11,2; Mag 6,1; 7,1; 13,1-2; Tral 2,2; 3,1.3; 7,1; 12,2; Roman 4,3; Fil 9,1; Esm 8,1

Arcontes: Esm 6,1

Astrologia: Efes 19,2

Átalo: Pol 8,2

Basso, presbítero – Mag 2,1

Batismo: Esm 8,2; Pol 6,2

Batismo de Jesus: Efes 18,2

Bispo, ágape – Esm 8,2; amá-lo – Efes 1,3; assemelhar-se-lhe – Efes 1,3; batismo – Esm 8,2; colegialidade – Roman, Pról.; 9,1; Pol 8,1; critério de legitimidade – Mag 4,1; 7,1; Tral 2,2; 7,2; Fil 3,2; 4,1; 7,2; Deus, bispo de todos – Mag 3,1; estudos – Pol 3,2; firmeza – Pol 2,3; 3,1; instituição – Fil, Pról.; invisível – Mag 3,2; lugar de Deus – Mag 6,1; outro Eu do Senhor – Efes 6,1; paralelo com Jesus – Efes 3,2; 5,1; Mag 7,1; 13,2; Tral 2,1; relação com Jesus – Pol, Pról.; paralelo com o Pai – Tral 3,1; Esm 8,1; Pol 6,1; Pastor – Pol 1,22ss.; pouca idade – Mag 3,1; programa – Pol l,2ss.; representa a comunidade – Tral 1,1; Fil 10,2; Esm 8,2; submissão a ele – Efes 2,2; 5,3; 13,2; Tral 2,1; 13,2.

Burrus, diácono – Efes 2,1 ; Fil 11,2; Esm 12,1.

Casamento: Efes 16,1; Pol 5,1; consentimento do Bispo – Pol 5,2

Cilícia: Fil 11,1

Cisma: Fil 2,1-2; 3,1; 3,3; 7,1-2

Conversão: Efes 10,1; Fil 3,2; 8,1; Esm 4,1; 5,3; 9,1

Corpo Místico: Tral 11,2; Esm 11,2

Cristãos, autenticidade – Mag 4,1; Roman 3,2; disponibilidade – Pol 7,3; imitadores de Deus – Efes 1,1; 10,3; Tral 1,2; programa – Mag 6,2; 7,1; 13,1; Tral 8,1-2; Fil 7,2; Pol 6,1-2; templos de Deus – Efes 15,3; testemunho – Efes 10,2-3; 15,1-3

Cristianismo: Mag 10,1.3; Roman 3,3; Fil 6,1

Cristóforo: Efes 9,2

Crocos: Efes 2,1; Roman 10,1

Dafnos: Esm 13,2

Damas, bispo – Mag 2,1

Davi: Efes 18,2; 20,2; Tral 9,1; Roman 7,3; Esm 1,1

Diabo: Efes 10,3; 13,1; 19,1; Mag 1,2; Tral 4,2; 8,1; Roman 7,1; Fil 6,2; Esm 2,1; 9,1.

Diáconos: Mag 13,1; Fil 10,1; Esm 10,1; funções – Mag 6,1; garantia de legitimidade –

Tral 7,2; Fil 7,1; instituição – Fil, Pról.; mais visados – Tral 2,3; paralelo com Jesus – Tral 3,1; paralelo com a Lei de Deus – Esm 8,1; servos da Igreja – Tral 2,3; serviço – Fil 4,1; Esm 12,2; sujeitos ao bispo e presbitérios – Mag 2,1.

Docetas: Tral 10,1; Esm 1,1ss.

Dogma: Mag 13,1

Dom, enviado pelo Senhor – Efes 17,2

Efésios: Efes 8,1; 11,2; Mag 15,1; Tral 13,1; Roman 10,1; Fil 11,2; Esm 12,1

Éfeso: Efes, Pról.

Epítropos: Pol 8,2

Escatologia: Efes 11,1; Mag 5,1-2; 6,2; Tral 5,1-2; Roman 1,2; 5,3; 6,1-2; 7,2-3; Esm 2,1; 6,1; 7,1; Pol 2,3

Escravos: Pol 4,3

Esmirna: Efes 21,1; Mag 15,1; Tral 1,1; 12,1; Roman 10,1; Esm, Pról.

Esmirnenses: Mag 15,1; Tral 13,1; Fil 11,2; Pol, Pról.

Esperança: Efes 21,2; Mag 11,1; Tral, Pról.; 2,2; Fil 5,2

Espírito Santo: Efes 9,1; 18,2; Mag 9,2; 13,1-2; Fil, Pról.; 7,1-2.

Eucaristia: Efes 5,2; 13,1; 20,2; 21,1; Roman 4,1; 7,9; Fil 4,1; 6,3; 11,1; Esm 7,1; 8,1; 10,1.

Euplos: Efes 2,1

Eutecno: Esm 13,2

Evangelho: Fil 5,1-2; 8,2; 9,2; Esm 5,1; 7,2

Filadélfia: Fil, Pról.

Fílon, diácono – Fil 11,1; Esm 10,1; 13,1

Fronton: Efes 2,1

Hereges: Efes 6,2; 9,1; Mag 8,1; Tral 6,1-2; 7,1; Fil 2,1-2; 3,3; ardis – Efes 7,1; castigo – Efes 16,1-2; evitar – Tral 11,1; oração em favor – Esm 4,1; precaução – Esm 4,1; 7,2

Herodes, tetrarca – Esm 1,2

Heterodoxia: Mag 8,1; Esm 6,2; Pol 3,1

Homília: Pol 5,1

Igreja Católica – Esm 8,2; Corpo Místico – Efes 4,2; Esm 1,2; predestinada – Efes, Pról.; presidência – Roman, Pról.; solicitude – Roman, Pról.; 9,1; 9,3; Templo do Pai – Efes 9,1; hierarquia – Tral 3,1

Incrédulos: Mag 8,2

Isaac: Fil 9,1

Jacó: Fil 9,1

Jesus, batismo – Efes 18,2; Esm 1,1; Homem – Mag 10,1; Tral 9,1-2; Roman 7,3; Esm 4,2; Homem-Deus – Efes 7,2; 18,2; 20,2; Esm 1,1-2; Médico – Efes 7,2; pensamento do Pai – Efes 3,2; revelação do Pai – Roman 8,2; união ao Pai – Mag 7,2; Esm 3,3

João Batista: Esm 1,1

Judaizantes: Mag 8,1; 9,1-2; 10,1-3; Fil 6,1

Judeus: Esm 1,2

Liturgia, efeitos – Efes 13,1; força – Efes 5,2; frequência – Efes 13,1; obrigação moral – Efes 5,2

Magia: Efes 19,3; Pol 5,1

Magnésia: Mag, Pról.

Maria: Efes 18,2; mãe de Jesus – Efes 7,2; Tral 9,1; parto – Efes 19,1; virgem – Efes 19,1; Esm 1,1

Mártir: Fil 7,2

Martírio: Tral 12,3; Fil 6,3

Meandro: Mag, Pról.

Mistério: Efes 19,1; Mag 9,1; Tral 2,3; Fil 9,1

Mito: Mag 8,1

Moisés: Esm 5,1

Mundo: Roman 7,1; conversão Efes 10,1; orações – Efes 10,1

Nome (de Jesus) – Efes 1,2; 3,1; 7,1; 20,2; Mag 1,2; 10,1; Fil 10,1

Não cristãos: Tral 3,2

Nápoles: Pol 8,1

Onésimo, bispo – Efes 1,3; 2,1; 6,2

Órfãos: Esm 6,2

Paulo, S.: Efes 12,2; Roman 4,3

Pedro, S.: Roman 4,3; Esm 3,2

Plano da salvação: Efes 20,1; Fil 9,1

Políbio, bispo – Tral 1,1

Policarpo: Efes 21,1; Mag 15,1; Pol, Pról.; 7,1; 8,2

Pôncio Pilatos: Mag 11,1; Tral 9,1; Esm 1,2

Presbitério: Mag 13,1; Esm 12,2

Presbíteros, constituem critério de legitimidade – Mag 7,1; Tral 7,2; Fil 7,1; instituição – Fil, Pról.; lugar dos apóstolos – Mag 6,1; paralelo com os apóstolos – Tral 2,2; 3,1; Fil 5,1; Esm 8,1; relacionamento com o bispo – Efes 4,1; 20,2; Mag 2,1; Tral 12,2; representam a comunidade – Fil 10,2; serviço – Fil 4,1; submissão a eles – Efes 2,2; Tral 13,2; submissão deles ao bispo – Mag 3,1

Presidente: Mag 6,2

Profetas: Fil 9,1-2; Esm 5,1; 7,2; relacionamento com o Espírito Santo – Mag 9,2; relacionados a Jesus – Mag 8,2; Fil 5,2

Promoção: Pol 1,2

Reos Agátopos: Fil 11,1; Esm 10,1

Roma: Efes 1,2; 21,2; Roman 5,1; 10,2

Romanos: Roman, Pról.

Sábado: Mag 9,1

Sacerdote: Efes 7,2

Senado do Bispo: Fil 8,1

Serviço (diaconia) – Mag 6,1; Fil 1,1; 10,2; Esm 12,1

Servo: Efes 2,1; Mag 2,1; Fil 4,1; Esm 12,1

Silêncio: Roman 2,1; do bispo – Efes 6,1; do cristão – Efes 15,1-2; de Deus – Efes 19,1; Mag 8,2

Sincretismo: Tral 6,2

Síria: Efes 1,2; 21,2; Mag 14,1; Tral 13,1; Roman 2,2; 5,1; 9,1; 10,2; Fil 10,1; 11,1; Esm 11,1-2; Pol 7,1-2; 8,2

Sumo-Sacerdote: Fil 9,1

Tavia: Esm 13,2

Teóforo: Efes, Pról.; 9,2; Mag, Pról.; Tral, Pról.; Roman, Pról.; Fil, Pról.; Esm, Pról.; Pol, Pról.

Testemunho: Efes 12,2; Fil 5,2; 11,1

Trales: Tral, Pról.

Trôade: Fil 11,2; Esm 12,1; Pol 8,1

Unção (de Jesus) – Efes 17,1

União: Efes, Pról.; 4,2; 5,1; 14,1; Mag 1,2; 6,2; 7,1; 13,2, 14,1; Tral 11,2; Roman, Pról.; Fil 2,2; 3,2; 4,1; 7,2; 8,1; 9,1; Esm 3,3; 12,2; Pol 1,2; 5,2; 8,3

Virgens, chamadas viúvas – Esm 13,1; Pol 5,2

Virgindade: Efes 19,1; Esm 1,1

Viúvas: Esm 6,2; 13,1; Pol 4,1

Zócio, diácono – Mag 2,1

Índice sistemático

Abreviaturas, 7
Prefácio, 9
Introdução, 13

I. O homem e a obra, 13
II. Mensagem, 24
    1. Unidade visível, 24
    2. Comunidade missionária, 40
    3. Catequese inaciana, 46
    4. Oração e Eucaristia, 61
    5. Salvaguarda e reconquista da unidade, 64
    6. Assistência e promoção, 69

Cartas, 73
    Aos Efésios, 74
    Aos Magnésios, 99
    Aos Tralianos, 113
    Aos Romanos, 126
    Aos Filadélfios, 142
    Aos Esmirnenses, 157
    A. S. Policarpo, 173

Índices, 187

Índice escriturístico, 188

Índice analítico, 217

CLÁSSICOS DA INICIAÇÃO CRISTÃ

Veja outros títulos da coleção em

livrariavozes.com.br/colecoes/classicos-da-iniciacao-crista

ou pelo Qr Code

Conecte-se conosco:

- **f** facebook.com/editoravozes
- [o] @editoravozes
- X @editora_vozes
- ▶ youtube.com/editoravozes
- ✆ +55 24 2233-9033

www.vozes.com.br

Conheça nossas lojas:

www.livrariavozes.com.br

Belo Horizonte – Brasília – Campinas – Cuiabá – Curitiba
Fortaleza – Juiz de Fora – Petrópolis – Recife – São Paulo

EDITORA VOZES LTDA.
Rua Frei Luís, 100 – Centro – Cep 25689-900 – Petrópolis, RJ
Tel.: (24) 2233-9000 – E-mail: vendas@vozes.com.br